KOMPOSITION UND PERSPEKTIVE

Ein einfacher, aber wirkungsvoller Leitfaden zum Zeichnen atemberaubender, ausdrucksstarker Skizzen

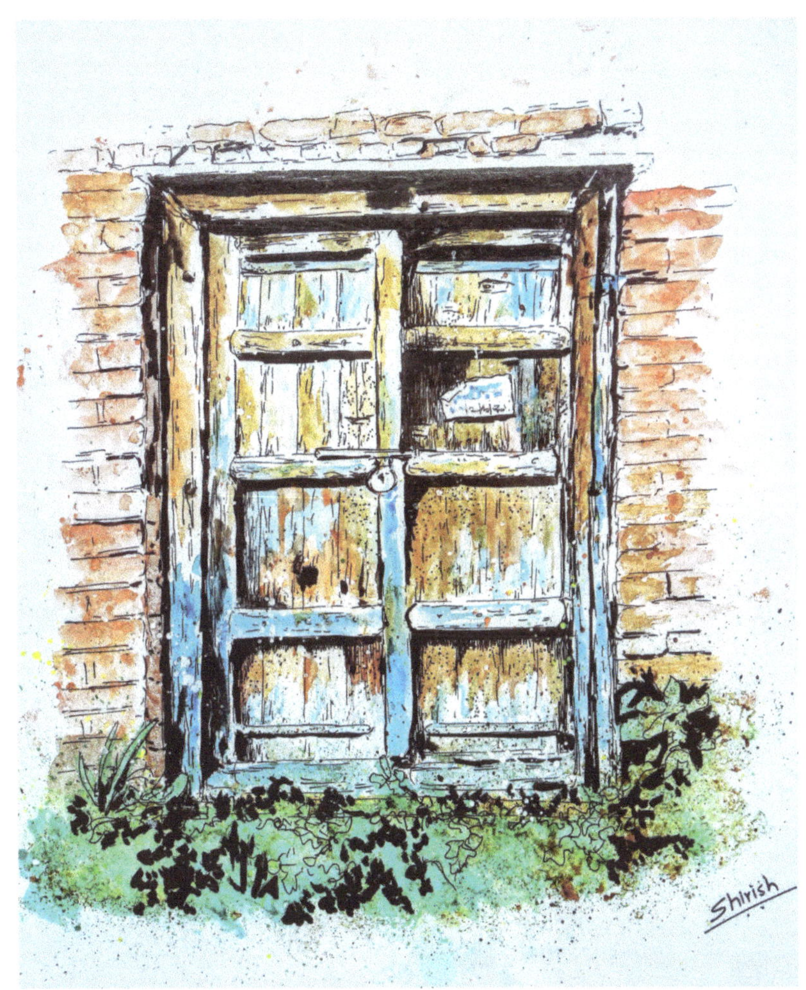

SHIRISH DESHPANDE

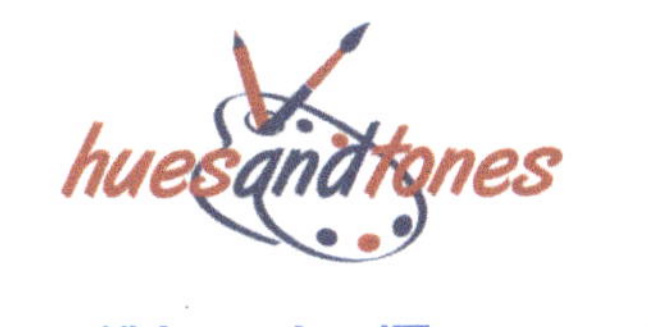

https://HuesAndTones.net

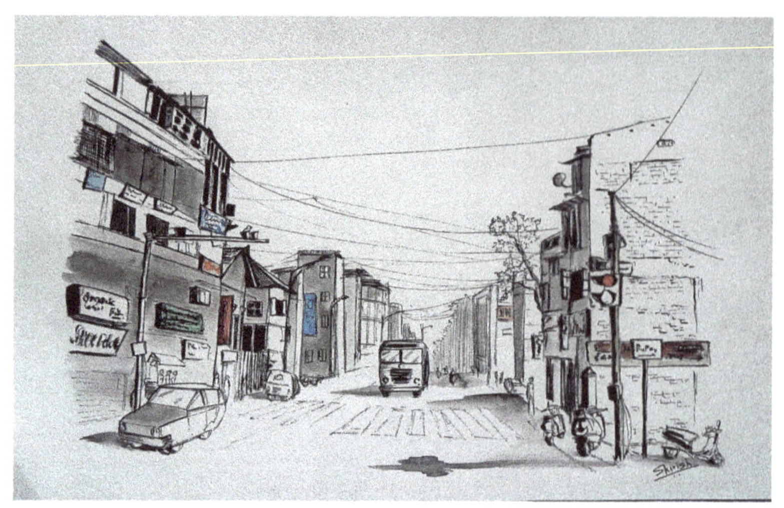

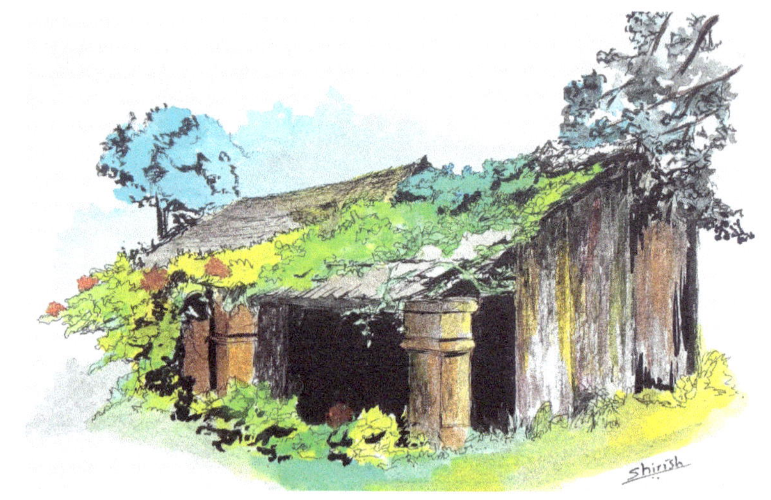

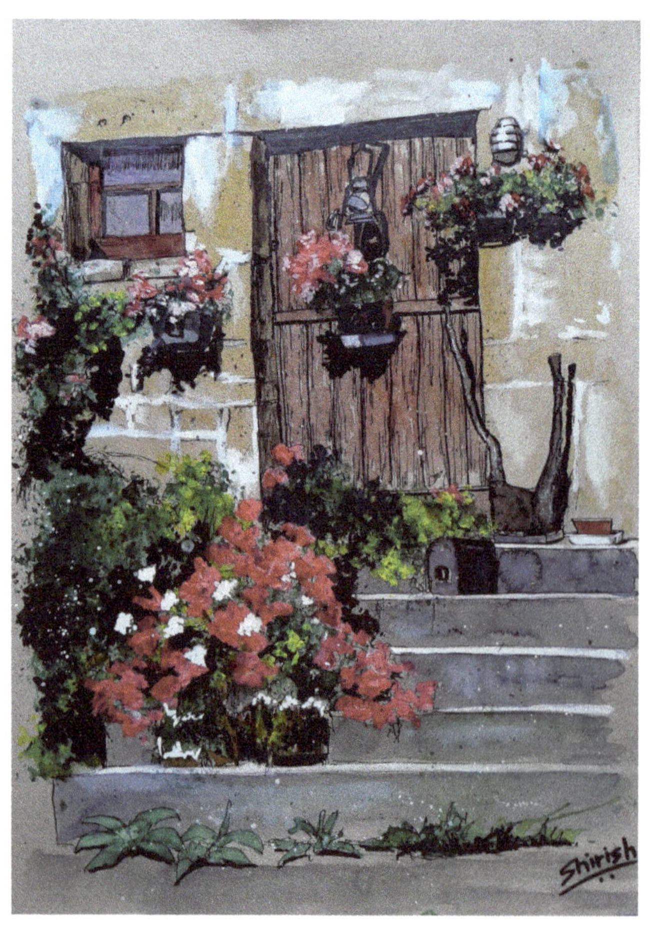

1 Auflage

ENHALTE

EINFÜHRUNG

Möchtest du sehen, wie dieses Bild in all seiner bunten Pracht skizziert wurde? Dann besuche
https://tinyurl.com/y9q5gsqd

(oder verwende den unten angegebenen QR-Code), um das komplette Video über die Erstellung dieser Skizze anzusehen.

Und vergiss nicht, den Kanal zu abonnieren!

Busy Cityscape
(Geschäftiges Stadtbild)
(Stift, Tinten, Aquarelle)

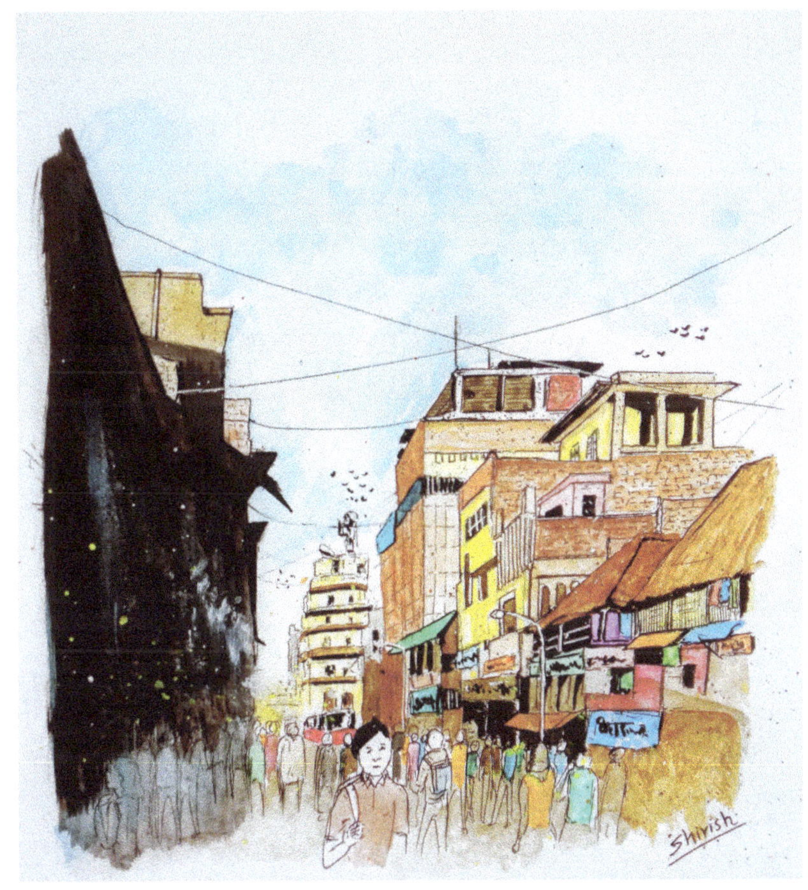

Eine Notiz, bevor wir beginnen

In diesem Buch wirst du auf YouTube-Links unter einigen Kunstwerken stoßen, welche als „Bonus" gekennzeichnet sind. Diese Links führen zu den Demonstrationsvideos der jeweiligen Kunstwerke.

Liest du eine Papierversion dieses Buches (oder eine E-Book-Version auf einem E-Ink-Gerät)? Dann kann es sich für dich als etwas ermüdend erweisen, alle diese Links auf einem videofähigen Gerät wie einem Telefon/Tablet/PC einzugeben.

Aber keine Sorge!

Ich habe für jede URL einen QR-Code bereitgestellt, mit dem du auf die Videoinhalte zugreifen kannst.

Alternativ kannst du auch direkt zu der unten genannten Webseite wechseln. Diese Seite enthält die vollständige Liste aller YouTube-Links in diesem Buch. Klicke auf das Artwork-Bild, für das du die Demonstration sehen möchtest, und du wirst zum jeweiligen Video weitergeleitet.

Und das Beste daran – dieses Bonusmaterial ist absolut kostenlos!

Gib die folgende URL in dein Browserfenster ein
(oder verwende den QR-Code).
https://HuesAndTones.net/pages/cp-links

Für wen ist dieses Buch gedacht?

Der Schwerpunkt dieses Buches liegt auf dem Skizzieren und Malen. Auf den ersten Blick mag es also scheinen, als wäre dieses Buch nur für Skizzierer und Maler gedacht.

Aber, die Konzepte von Komposition und Perspektive sind universell. Sie gelten für alle Arten von bildender Kunst.

Interessierst du dich für jegliche Art von bildender Kunst wie Skizzieren, Malen, Fotografieren oder Filmemachen?

Wenn ja, dann gibt es in diesem Buch etwas für dich.

Alle in diesem Buch erwähnten Demonstrationen verwenden Stifte, Kugelschreiber, Tinten und Aquarelle. Und ich beschreibe in diesem Buch Komposition und Perspektive aus der Sicht des Skizzierens und Malens!

Aber in der Tat beziehen sich die erwähnten Prinzipien auf alle Arten von bildender Kunst.

Worum geht es in diesem Buch?

Wie im Sport oft zitiert wird: Form vergeht, Klasse besteht. Stelle dir Komposition und Perspektive als die „Klasse" in deiner bildenden Kunst vor!

Komposition und Perspektive sind die beiden Elemente, die ein Bild prägen oder brechen.

Du wirst sie vielleicht nicht einmal bemerken, wenn sie in einer Skizze korrekt vorhanden sind. Doch sind sie es nicht, bemerkst du dies bestimmt.

Ich habe viele Menschen getroffen, die behaupten, dass sie kein Verständnis von Kunst haben. Und doch bemerken sie, wenn die Perspektive in einer Skizze falsch ist! Sie verstehen vielleicht nicht genau, was falsch ist. Aber sie haben definitiv das Gefühl, dass etwas nicht stimmt.

Noch eine Sache... dieses Buch behandelt nur die „realistische" Art des Skizzierens und Malens.

„Realistisch" bedeutet nicht unbedingt hyperrealistisch oder fotorealistisch. Sondern es bedeutet, dass die Skizzen erkennbare Elemente enthalten. Mit anderen Worten, wir werden in diesem Buch keine abstrakten Kunstwerke behandeln.

Worum geht es nicht in diesem Buch?

Lies dieses Buch nicht weiter, wenn...

- du die architektonische Perspektive lernen möchtest (mit Messungen und Ähnlichem).
- du fotorealistisches Skizzieren/Malen lernen möchtest.

Bei Architekturzeichnungen geht es um Genauigkeit und Proportionen. Obwohl ein/e KünstlerIn bestrebt ist, die relativen Proportionen in ihrem/seinem Kunstwerk zu imitieren, ist dies keine Notwendigkeit.

Dieses Buch wird sich ausschließlich auf den „expressiven" Stil des Skizzierens und Malens konzentrieren, nicht auf den Fotorealismus. Aber denk daran, dass „expressiv" nicht ungenau bedeutet!

Bei einem expressiven Kunstwerk geht es darum, das Gefühl eines Elements/einer Szene darzustellen. Es sollte trotzdem glaubwürdig aussehen. Aber die/der KünstlerIn hat die Freiheit, sich auf die Schönheit und die Anmut der Kunst zu konzentrieren. Die mathematische Genauigkeit ist nicht ganz so wichtig.

Materialien

Ich habe Bleistifte, Stifte, Tinten und Aquarelle verwendet, um die meisten der Kunstwerke in diesem Buch darzustellen. Einige wurden mit Ölfarben/Acrylfarben/digitalen Mitteln angefertigt.

In allen in diesem Buch erwähnten YouTube-Videos wird mit Bleistiften, Stiften, Tinten und Aquarellen gearbeitet.

Das Üben der Konzepte, die du in diesem Buch lernen wirst, ist unabdingbar. Die Konzepte von Komposition und Perspektive sollten nicht nur gelesen, sondern auch verinnerlicht werden. Und um sie zu verinnerlichen, musst du sie praktizieren. Und das sehr oft.

Deshalb habe ich dieses Kapitel hier aufgenommen, um die Materialien zu besprechen. Diese Materialien können für die Darstellung perspektivischer Skizzen verwendet werden und helfen dir, die Videodemonstrationen besser zu verstehen.

Was ich hier darstellen werde, sind nur Leitlinien, die auf meiner Vorgehensweise basieren. Du kannst alle Materialien nach deiner Wahl und Komfortstufe zum Üben verwenden. Es gibt keinen Grund, dich strikt an das zu halten, was ich hier tue.

Möchtest du das Skizzieren und Malen mit Stiften, Tinten und Aquarellen lernen? Dann solltest du dir vielleicht mein anderes Buch ansehen:

https://www.HuesAndTones.net/books/

Es gibt keine festen Regeln für die Materialien. Aber ich habe ein paar Empfehlungen, die auf meinen Erfahrungen basieren.

Anforderung: perspektivische Linien und grobe Skizzen
Material: Druckbleistift (HB), Lineal (12'/30 cm)
Papierspezifikationen: jedes Skizzenpapier mit 70 GSM oder mehr

Anforderung: Bleistiftskizze
Material: Druckbleistift, weicher Bleistift, Lineal, Radiergummi, Anspitzer
Papierspezifikationen: jedes Skizzenpapier mit 70 GSM oder mehr

Anforderung: Federzeichnung
Material: Druckbleistift, Lineal, Radiergummi, Spitzer, Kugelschreiber/Gelschreiber/technische Stifte, Pinselstifte
Papierspezifikationen: jedes Skizzenpapier mit 70 GSM oder mehr

Anforderung: Stift, Tinten und/oder Aquarelle
Material: wie bei der Federzeichnung + Tinten, Aquarelle, Aquarellpinsel, Tuch, Wasser
Papierspezifikationen: Jedes Skizzenpapier mit 70 GSM oder mehr. Wenn du viel Nassarbeit verrichtest, verwende 250 GSM oder höher. Wenn du Stifte verwendest, empfehle ich heißgepresste/glatte Papiere. Wenn nur Aquarelle/Tinten verwendet werden, können auch handgefertigte/kaltgepresste Papiere verwendet werden.

Mit diesem Kontext, lass uns in den ersten Teil eintauchen.... Komposition!

   Komposition und Perspektive

TEIL 1 – KOMPOSITION

Komposition bezeichnet die Art und Weise, wie verschiedene Elemente innerhalb eines Kunstwerks angeordnet sind. Die Komposition vermittelt auch, wie sich diese Elemente zueinander verhalten.

Warum Komposition?

Hast du schon einmal einen malerischen Ort besucht, der von der Schönheit der Natur übermannt wurde?

Fühltest du dich gezwungen, tonnenweise Fotos zu machen, um diese Erinnerungen zu bewahren?

Und warst du schrecklich enttäuscht, als du dir diese Fotos noch einmal angesehen hast? Vielleicht, weil du jetzt plötzlich einen Pfahl sehen konntest, der hinter dem Kopf deines Partners hervorragt!

Oder du konntest plötzlich den Fotobomber im Hintergrund sehen. Den hast du beim Schießen des Fotos gar nicht bemerkt!

Und du denkst scharf nach:

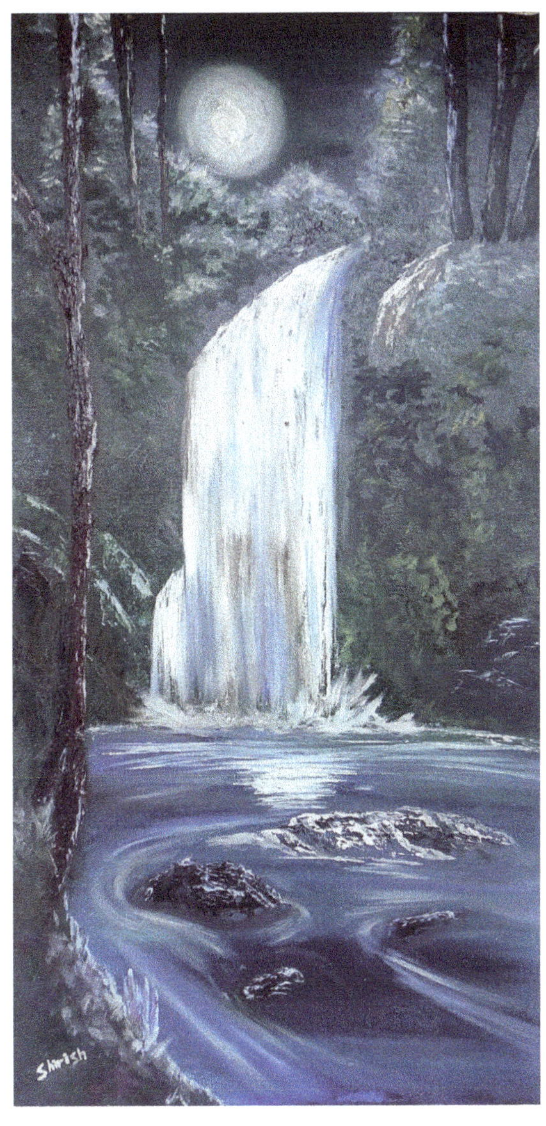

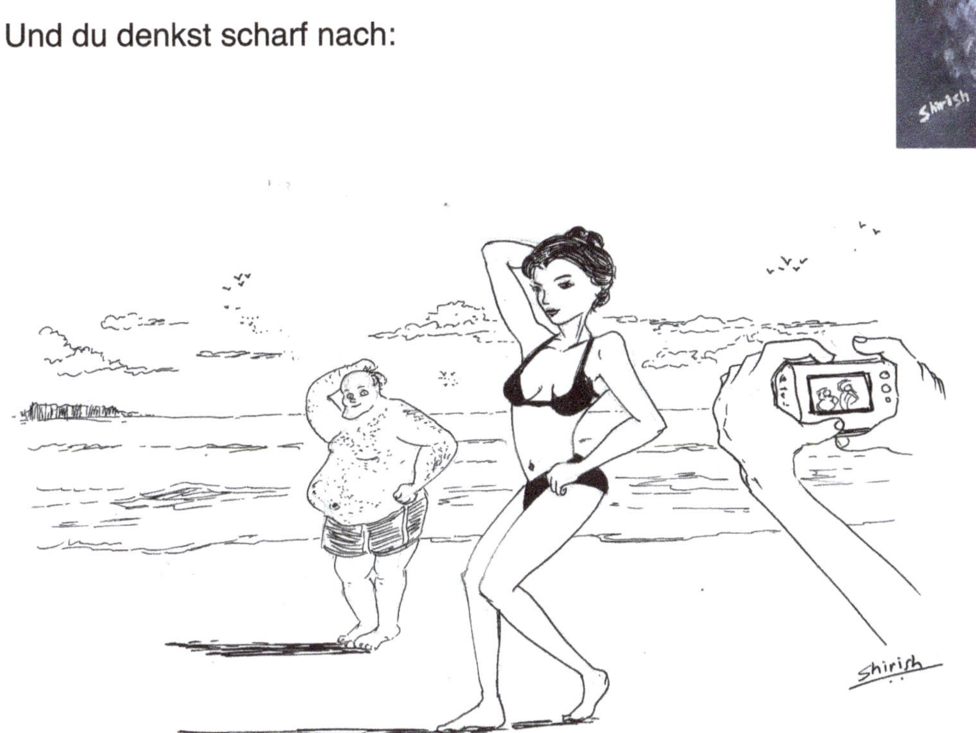

Warum zum Teufel habe ich diesen Fotobomber/Mast/dieses Stück Müll nicht gesehen, als ich auf das Bild geklickt habe?

Es gibt einen Grund dafür.

Sehkraft und Gehör sind unsere primären Mittel, um die Informationen aufzunehmen, die die Welt uns gibt.

Und die Welt gibt uns viele Informationen! Gerade in Zeiten ständiger Social-Media-Ablenkungen und Informationsüberflutung.

Wie oft hast du in den letzten zehn Minuten dein Handy überprüft?

Hast du nicht?

Dann hast du es höchstwahrscheinlich verloren, oder die Batterie ist leer!

Wenn wir versuchen würden, jedes einzelne Stück an Information zu verarbeiten, das uns begegnet, würden wir davon überwältigt. Komplett überfordert. Gelähmt. Unser Gehirn hätte dann keine Zeit und Energie mehr, um alles zu verarbeiten und etwas Nützliches zu tun.

Daher wendet unser Gehirn einen natürlichen Filter auf die eingehenden Informationen an. Das Gehirn lässt nur jene Informationen herein, von denen wir denken, dass sie für uns relevant sind.

Jetzt weißt du, warum du damals in der Geschichteklasse alles hören konntest, aber nichts verstehen!

Das Gleiche passiert, wenn wir dieses Bild unseres Freundes aufnehmen. Wir konzentrieren uns nur auf ihn/sie und nicht auf das, was sich hinter ihm/ihr befindet. Aber die Kamera sieht und zeichnet alles auf! Es gibt keinen natürlichen Filter in der Kamera, so wie er in unserem Gehirn vorhanden ist.

Auch einige Skizzierer haben das Gefühl, dass sie alles zeichnen sollten, was sie sehen. Sie wollen nichts verpassen!

Tatsächlich wollen sie der Kamera Konkurrenz machen!

Ich habe Mitleid mit diesen armen Seelen. Das tue ich wirklich.

Warum?

Weil sie eine goldene Gelegenheit vergeuden. Die Möglichkeit, ihre eigene Komposition zu wählen. Diese Freiheit steht einem Fotografen selten zur Verfügung.

Als Skizzierer hast du die Macht.

Du hast die Möglichkeit, die gewünschten Elemente in deiner Skizze auszuwählen. Du kannst deren Position innerhalb der Skizze wählen. Und du kannst die Art der Aneinanderreihung wählen.

Warum diese Gelegenheit vergeuden, um die Realität zu kopieren?

Komposition und Perspektive

Wie so viele große Menschen im Laufe der Jahrhunderte gesagt haben: „Mit großer Macht kommt große Verantwortung".

Ich glaube, Spidermans Onkel sagte dasselbe, kurz bevor er starb.

Als Skizzierer liegt unsere große Verantwortung darin, sich der Komposition bewusst zu sein.

Wie?

Kommen wir jetzt zur Sache. Aber bevor wir das tun, lass uns sehen, wie dieses Buch aufgebaut ist.

Komposition und Perspektive sind keine eigenständigen Elemente. Sie ergänzen sich innerhalb eines Bildes.

Im ersten Teil dieses Buches werden wir einige Kompositionsregeln kennenlernen. Im nächsten Teil werden wir etwas über die Perspektive erfahren.

Während ich die Perspektive erkläre, werde ich auf die kompositorischen Elemente hinweisen, die wir im ersten Abschnitt gelernt haben. Dies wird dir helfen, beides aufeinander abzustimmen.

Bist du bereit einzutauchen? Dann lass uns anfangen!

„Regeln" der Komposition

Bevor wir in die Regeln der Komposition eintauchen, möchte ich noch etwas klarstellen.

Wann immer ich mich auf eine „Regel" des Skizzierens beziehe, handelt es sich eigentlich nur um eine Faustregel.

Was die Kunst betrifft, gibt es keine Regeln! Tatsächlich sind alle so genannten Regeln in der Kunst reif für einen Bruch.

Die „Regeln", die du in diesem Abschnitt kennenlernen wirst, sollen dir helfen, einige bewusste Entscheidungen für das Skizzieren zu treffen.

Versuche, diese „Regeln" zu brechen und interessantere Kompositionen zu schaffen. Ich freue mich, wenn du das tust.

Also, lass uns mit den „Regeln" fortfahren.

Regel #1: Gleichgewicht (oder das Fehlen davon)

W irf einen Blick auf das folgende Bild. Siehst du, wie alles perfekt arrangiert ist?

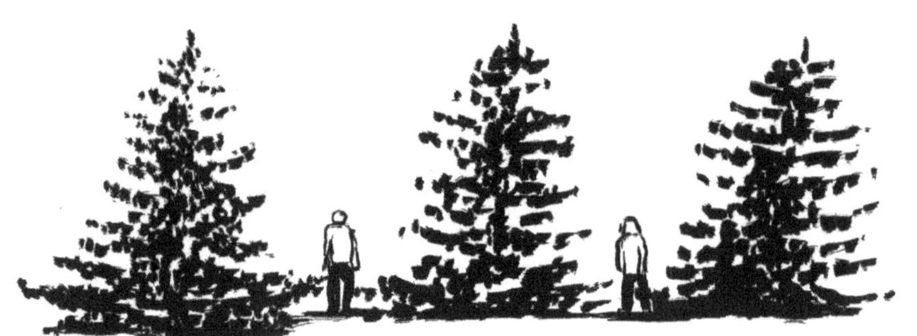

Was bringt es, alles so perfekt und ausgewogen im Bild zu halten? Es macht das Bild eintönig, uninteressant und langweilig!

Warum?

Weil es für die/den BetrachterIn hier nichts gibt, was ihre/seine Vorstellungskraft anregt.

Denn beim Spaß an der Kunst geht es um das Ungleichgewicht!

Wir sagen der/dem BetrachterIn damit subtil: „Ich weiß, dass du absolut keine Ahnung hast. Also habe ich dafür gesorgt, dass du alles siehst, was ich dir rundherum zeigen will. Schau dich nicht um. Stell dir nichts vor. Lass deine Vorstellungskraft nicht wandern."

Wie würdest du dich fühlen, wenn dir das jemand sagt?

Genau!

Deshalb müssen wir ein gewisses Maß an Ungleichgewicht in das Bild bringen.

Sehen Sie sich dieses Bild an. Es gibt hier ein kleines Ungleichgewicht. Es sieht also schon viel interessanter aus als das frühere Bild.

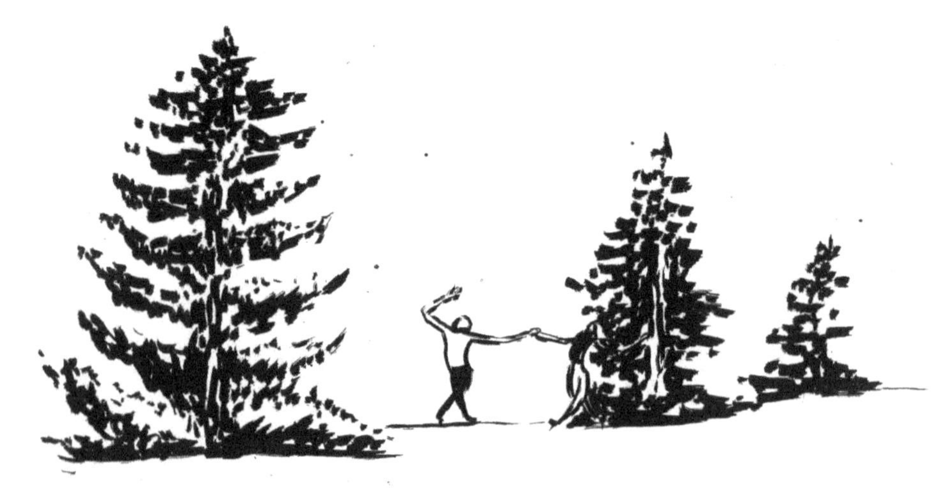

Wenn es allerding zu viel Ungleichgewicht gibt, macht dies das Bild optisch verwirrend.

Wenn es dein Ziel ist, ein Bild visuell verwirrend zu gestalten, dann tu dies. Daran ist nichts falsch. Aber in den meisten Fällen wollen wir unsere Bilder für das Verständnis der/des BetrachterIn klarer machen.

Deshalb muss der „Gleichgewichtsfaktor" in einer Skizze ständig bewusst gewählt werden.

Glücklicherweise haben wir als Skizzierer die Macht, dieses Gleichgewicht der Elemente nach eigenem Ermessen zu schaffen.

Regel #2: Regel der Drittel

Wirf einen Blick auf das folgende Bild. Siehst du das Motiv in der perfekten Mitte?

Was stimmt nicht mit diesem Bild?

Die meisten von uns werden sagen: „Nichts!"

Warum?

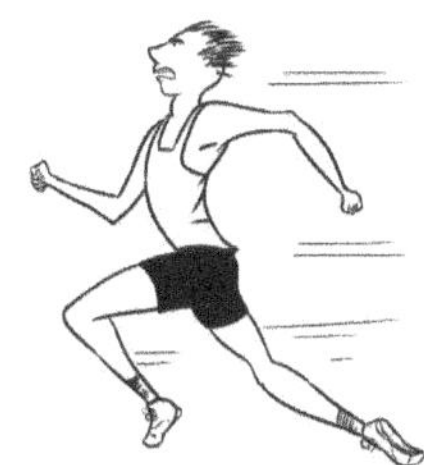

Weil wir programmiert sind, zu denken, dass das Hauptobjekt in einem Bild im Mittelpunkt stehen muss.

Nun, hier ein Update: Das Motiv in der genauen Mitte eines Bildes zu halten, macht dieses vollkommen langweilig!

Warum?

Weil wir es zu sehr ausgewogen halten (siehe Regel #1 oben).

Da alles so zentriert ist, gibt es keine Dynamik im Bild.

Lass mich dir zeigen, was ich meine.

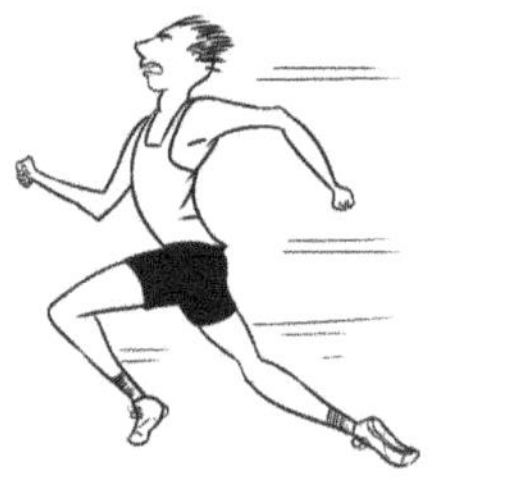

Sehen Sie sich dieses Bild an.

Wenn du dieses Bild ansiehst, was siehst du dann?

Siehst du *nur* einen Läufer?

Oder siehst du *Möglichkeiten*?

Wenn du das Motiv auf eine Seite des Rahmens legst, was passiert dann?

Die/der BetrachterIn sieht nicht nur das Hauptthema, sondern füllt die Details mit ihrer/seiner Vorstellungskraft aus.

In diesem Fall respektierst du die Intelligenz der/des BetrachterIn. Die/der BetrachterIn versteht dies auf subtile Weise.

Es enthält auch die Möglichkeit, mehr zu sehen als das, was gezeigt wird.

Wenn du der Meinung bist, dass der obige Absatz zu philosophisch ist – dann ist es Zeit, tief durchzuatmen und noch nicht das Handtuch zu werfen.

Denn ich werde jetzt das Gleiche in Klartext und Bildern erklären.

Werfen wir einen Blick auf einige Bilder und sehen wir uns an, wie die „Regel" der Drittel wirkt, beginnend mit dem obigen Beispiel:

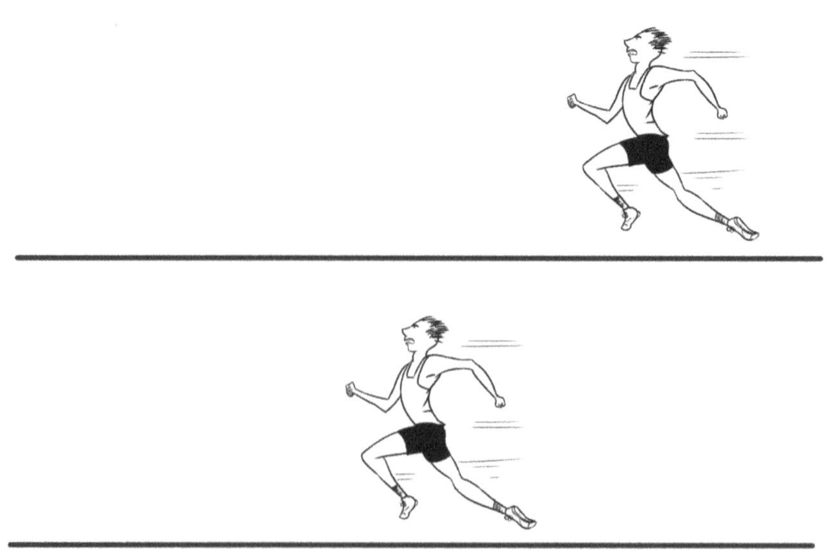

Komposition und Perspektive

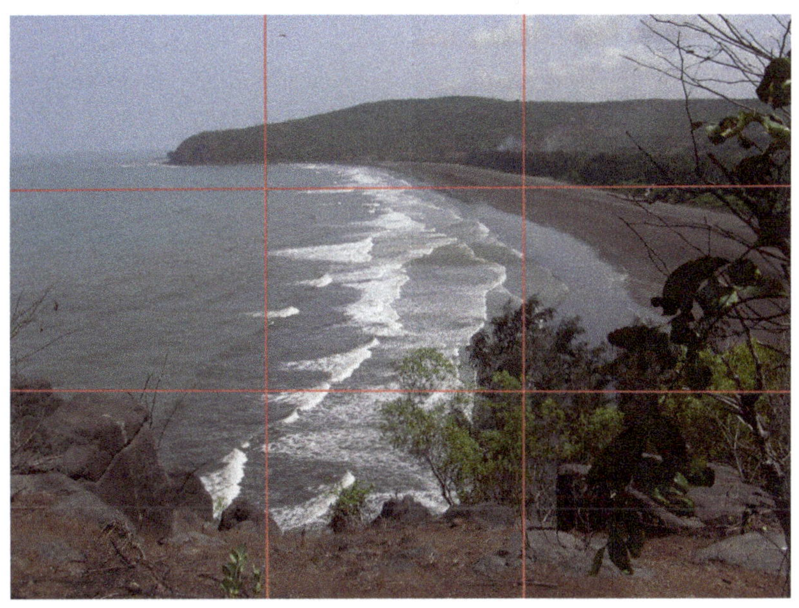

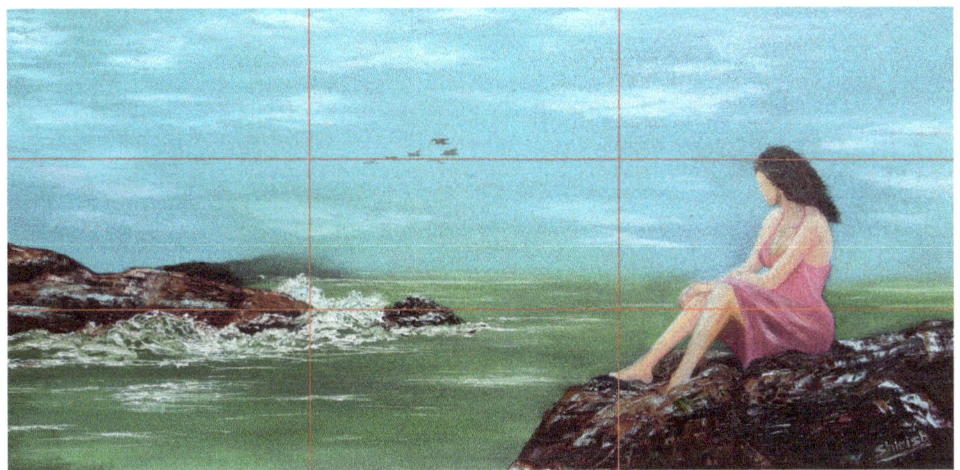

Aber, ich möchte immer wieder betonen:

Es gibt keine konkreten Regeln im Bereich der Kunst. Und alle so genannten Regeln sind dazu bestimmt, gebrochen zu werden.

Hier ist also ein Beispiel, bei dem die „Regel" der Drittel gebrochen wird. Sieh dir an, wie das Hauptmotiv in die Mitte des Bildes gesetzt wurde. Das Bild ist in zwei gleiche Hälften unterteilt (obere Hälfte und untere Hälfte).

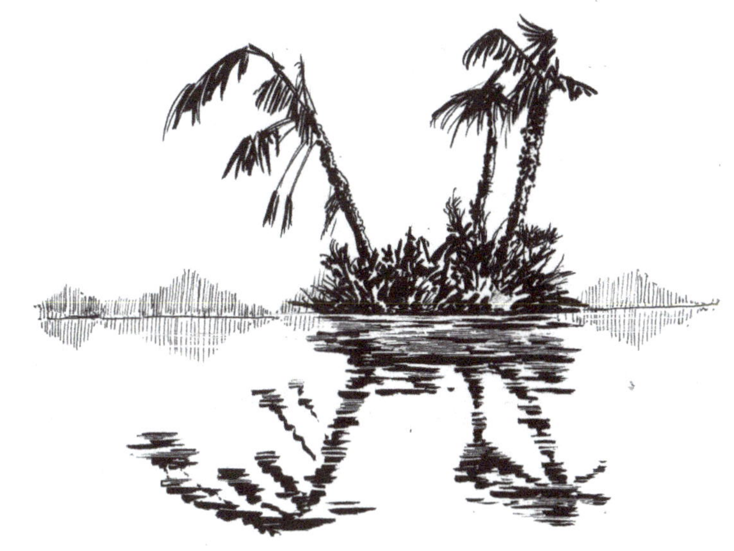

Regel #3: Überlappung

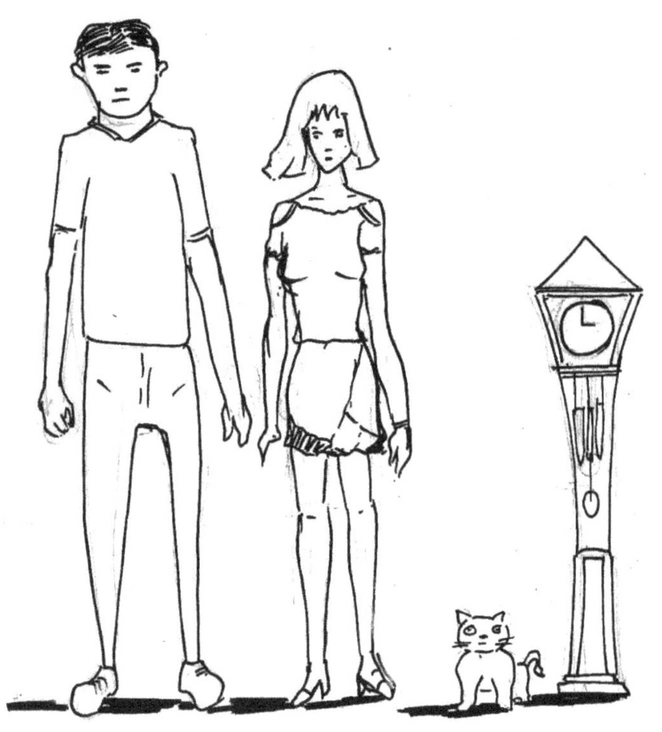

Wenn wir es mit realistischen Zeichnungen zu tun haben, platzieren wir typischerweise mehrere Elemente in einem Bild.

Wenn die/der BetrachterIn ein Bild sieht, betrachtet sie/er nicht nur jedes Element einzeln. Sie/er spürt auch die Beziehungen zwischen diesen Elementen.

Wirf einen Blick auf das folgende Bild. Hast du das Gefühl, dass hier etwas nicht stimmt (außer, dass dieses Bild wirklich sehr grob ist)?

Du kannst vielleicht nicht bewusst sagen, was mit diesem Bild nicht stimmt, denn technisch gesehen ist hier nichts falsch (außer, dass es wie schon gesagt eine sehr einfache Darstellung ist).

Aber trotzdem fühlt es sich seltsam an – weil sich keine zwei Elemente in diesem Bild überschneiden.

Um dem Bild eine gewisse Glaubwürdigkeit zu verleihen, ist es notwendig, dass sich zumindest einige Elemente überschneiden.

Warum?

Sieh es mal so: Wir skizzieren eine 3D-Szene auf einem flachen (2D) Papier.

Um die Illusion einer 3D-Szene auf diesem flachen Papier zu erzeugen, müssen wir unsere Komposition in einer bestimmten Weise arrangieren. Es muss den Verstand der/des BetrachterIn dazu bringen, zu denken, dass die Szene Tiefe hat. Das Überlappen ist eine perfekte Möglichkeit, diese Illusion zu erzeugen.

Doch für die meisten KünstlerInnen ist die Überlappung ein Dorn, den sie lieber vermeiden würden.

Warum?

Denn Überschneidungen erfordern eine gewisse Planung seitens der/des KünstlerIn.

Und die meisten KünstlerInnen denken, dass Kunst ein völlig spontaner Prozess ist: Wenn man ein Element der Planung in sie einführt, verliert die Kunst ihre Magie.

Doch nichts kann weiter von der Wahrheit entfernt sein.

Kunst kann geplant werden und bewahrt dennoch ihre Spontaneität und das gewisse Etwas.

Hier ist ein Beispiel für ein Bild, in dem es große Überschneidungen gibt, um die Illusion von Tiefe zu erzeugen.

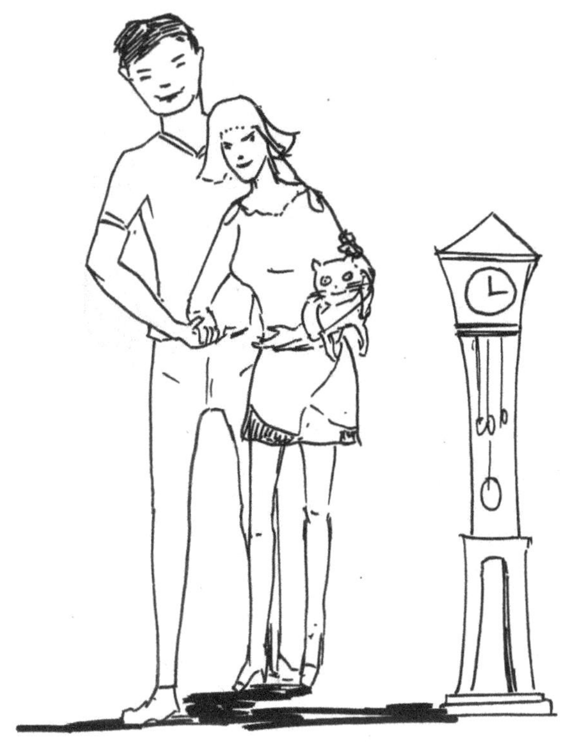

Regel #4: Vordergrund, mittlere Ebene und Hintergrund

Da es sich um Tiefe und Überschneidung handelt, ist es wichtig, über folgende Unterteilung zu sprechen:
- Vordergrund
- mittlere Ebene
- Hintergrund

Das Bild kann in drei virtuelle Ebenen unterteilt werden.

a) Vordergrund - Die Elemente, die der/dem BetrachterIn am nächsten sind
b) Hintergrund - Der von der/vom BetrachterIn am weitesten entfernte Teil
c) Mittlere Ebene - Die Elemente zwischen Vorder- und Hintergrund

Alle diese Ebenen ergänzen sich gegenseitig und bieten Kontrast, um Tiefe im Bild zu schaffen.

Es liegt an der/am Künstlerin, welche Ebene mehr Gewicht haben soll.

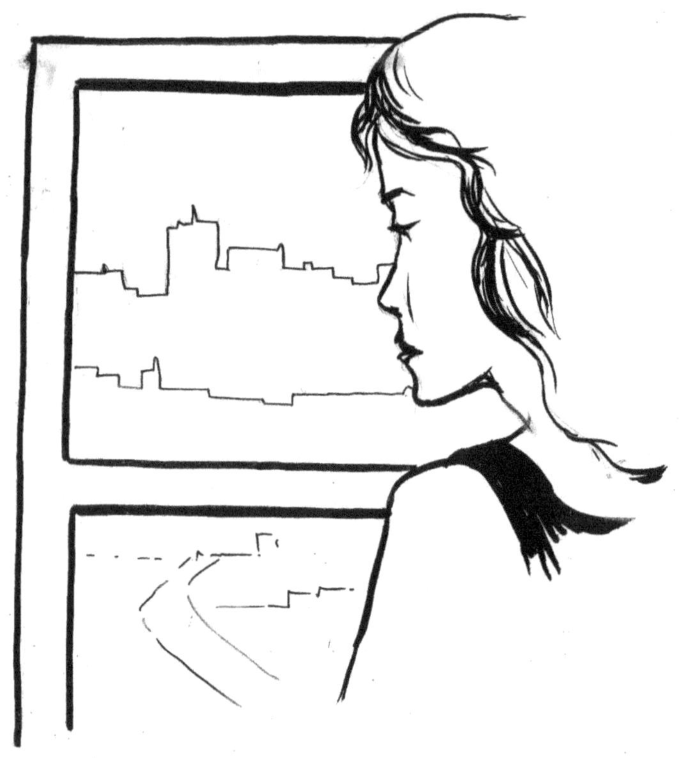

Hier ist ein Beispiel für ein Bild, bei dem die Betonung auf dem Vordergrund liegt (Bild auf der linken Seite):

Und nun ein Beispiel für das gleiche Bild, bei dem der Schwerpunkt auf der mittleren Ebene liegt (Abbildung unten):

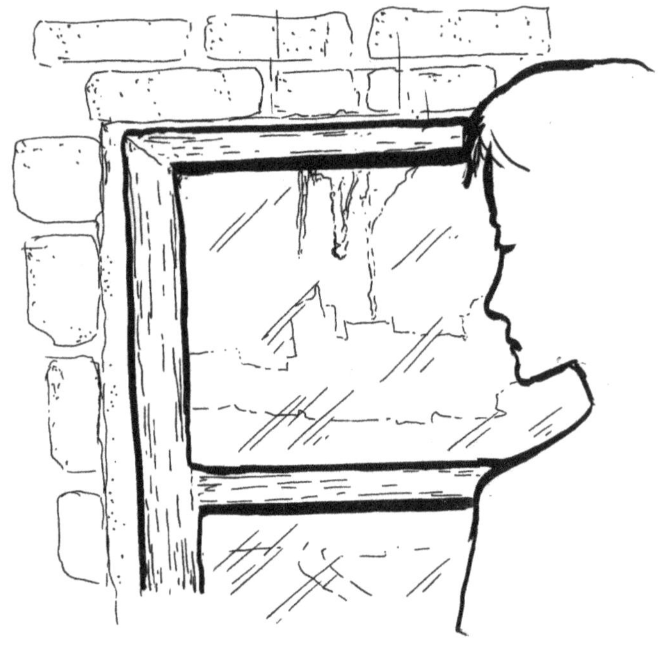

Und schließlich ein Beispiel für das gleiche Bild, bei dem die Betonung auf dem Hintergrund liegt:

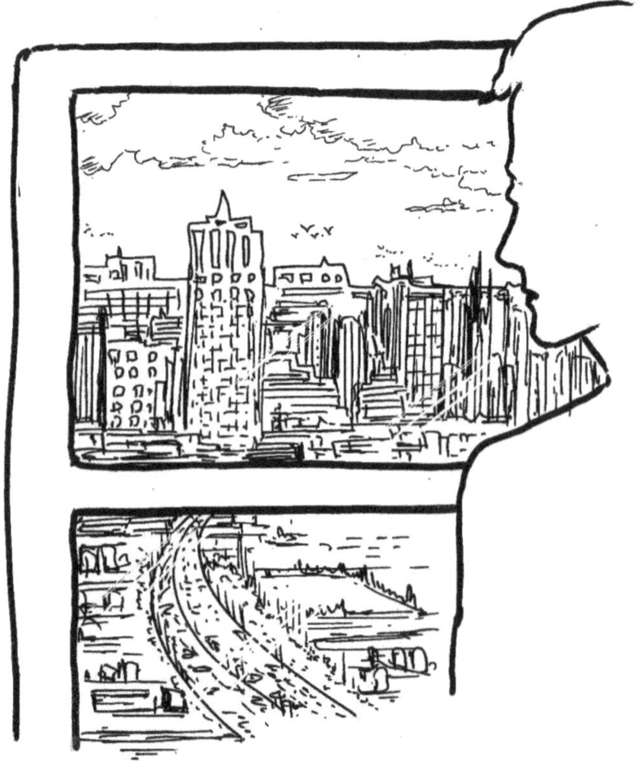

Tatsächlich besteht keine Notwendigkeit, alle drei Ebenen im Bild zu behalten.

Einige Bilder können allein nur einen Vordergrund- und Hintergrund aber keine mittlere Ebene haben.

Unten siehst du das Bild eines verlassenen Autos. Das Hauptmotiv (das Auto) steht im Vordergrund, während sich alles andere im Hintergrund befindet.

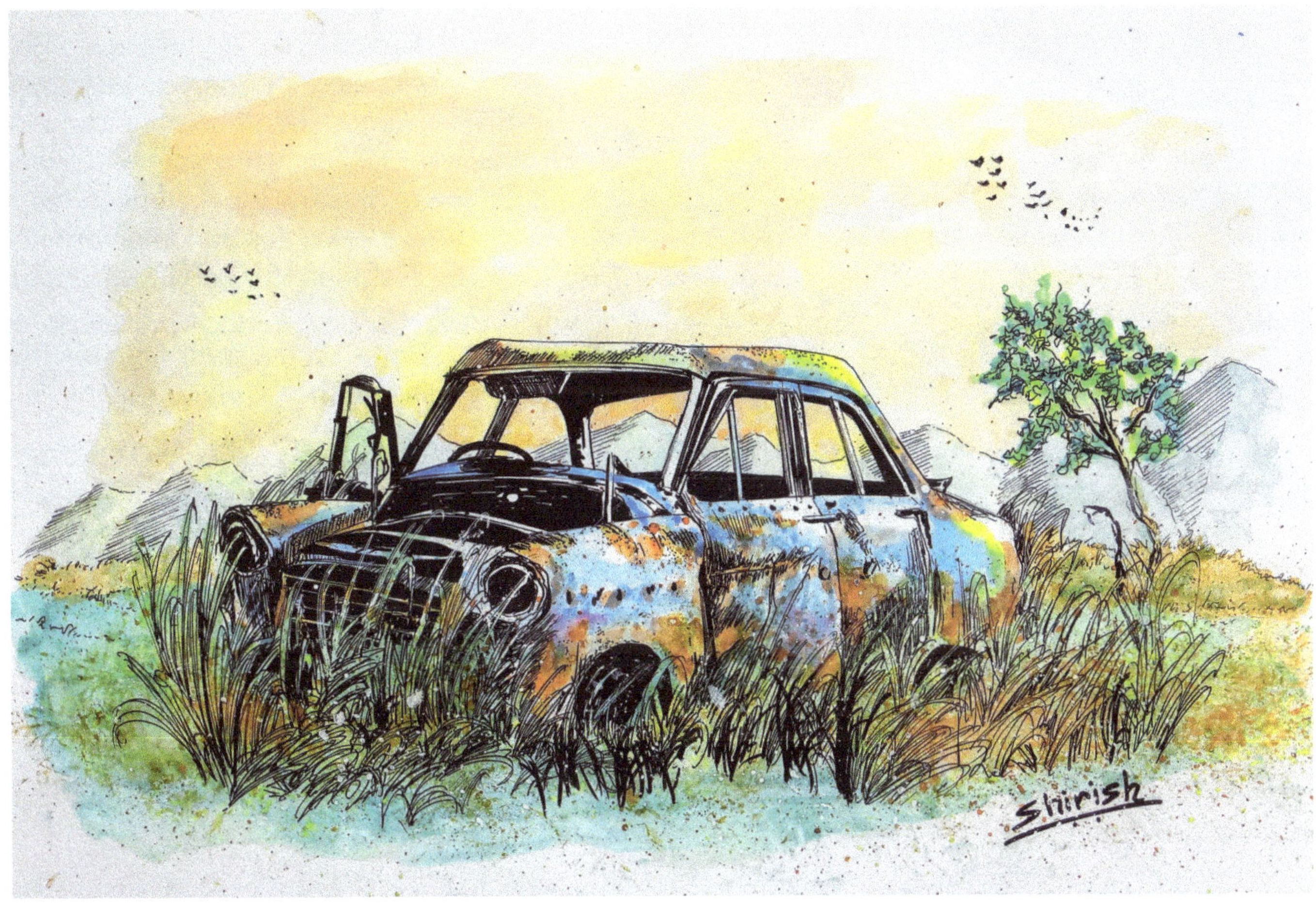

Man könnte argumentieren, dass sich der Baum auf der rechten Seite in der mittleren Ebene befindet. Er ist näher an der/am BetrachterIn als die Berge dahinter.

Gültiger Punkt. Aber ich habe ihn hier als Teil des Hintergrunds behandelt!

Dieses Argument beweist einen weiteren Punkt: Vordergrund, mittlere Ebene und Hintergrund sind relative Begriffe, die sich die/der KünstlerIn vorstellt. Es liegt an dir zu entscheiden, was für dich was ist und mit deinem eigenen Urteil fortzufahren.

Somit ist bewiesen, dass dieses spezielle Bild nur einen Vorder- und Hintergrund hat!

Lass uns weitermachen.

Regel #5: Rahmen innerhalb des Rahmens

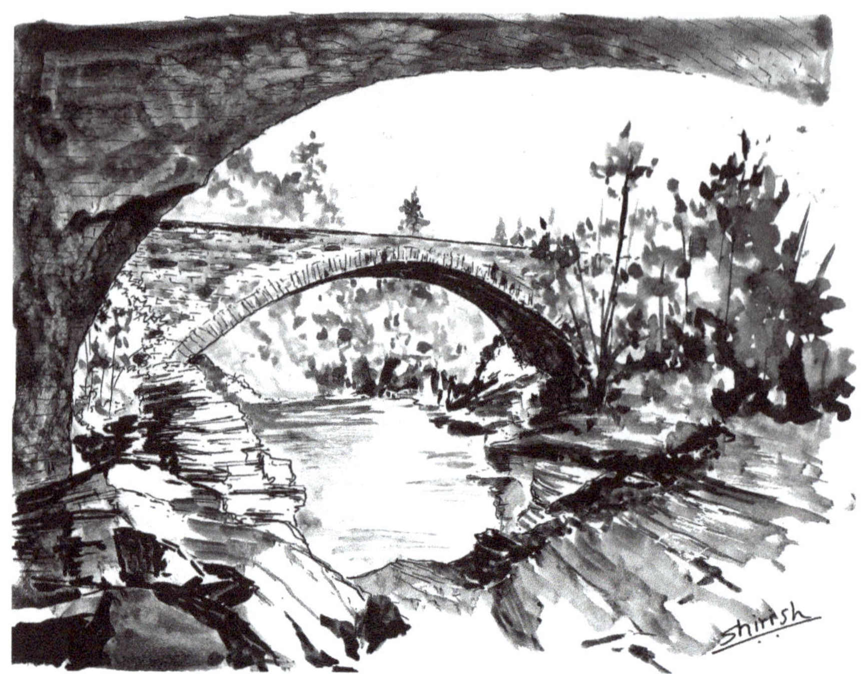

Diese „Regel" baut auf der soeben diskutierten „Regel #4" und der zuvor diskutierten „Regel" der Überschneidung auf.

In dieser Regel verwenden wir ein Vordergrundelement als „Rahmen" für den Hintergrund.

Der Vordergrundrahmen wird fast immer weniger betont.

Bonus: Möchtest du sehen, wie dieses Bild skizziert wurde? Dann besuche
https://youtu.be/5JKf2rFzsJc

(oder verwende den unten angegebenen QR-Code), um das komplette Video über die Erstellung dieser Skizze anzusehen. Und vergiss nicht, den Kanal zu abonnieren!

Monochrome landscape (Monochrome Landschaft) (Stift und schwarze Tinte)

Wie wirkt sich die Verwendung eines Vordergrundelements als Rahmen aus?

Er schiebt die anderen Elemente automatisch zurück und erzeugt so Tiefe im Bild.

Aber noch einmal, was nützt es, eine Regel zu haben, wenn wir sie nicht brechen können?

Erinnerst du dich, was ich auf der vorherigen Seite gesagt habe?

Der Vordergrundrahmen wird fast immer weniger betont.

Lass uns jetzt diese „Regel" brechen.

Sieh dir das Bild unten an. Hier ist der Vordergrund-„Rahmen" das zentrale Element. Alle anderen Elemente, die durch den Rahmen hindurch sichtbar sind, werden nicht hervorgehoben.

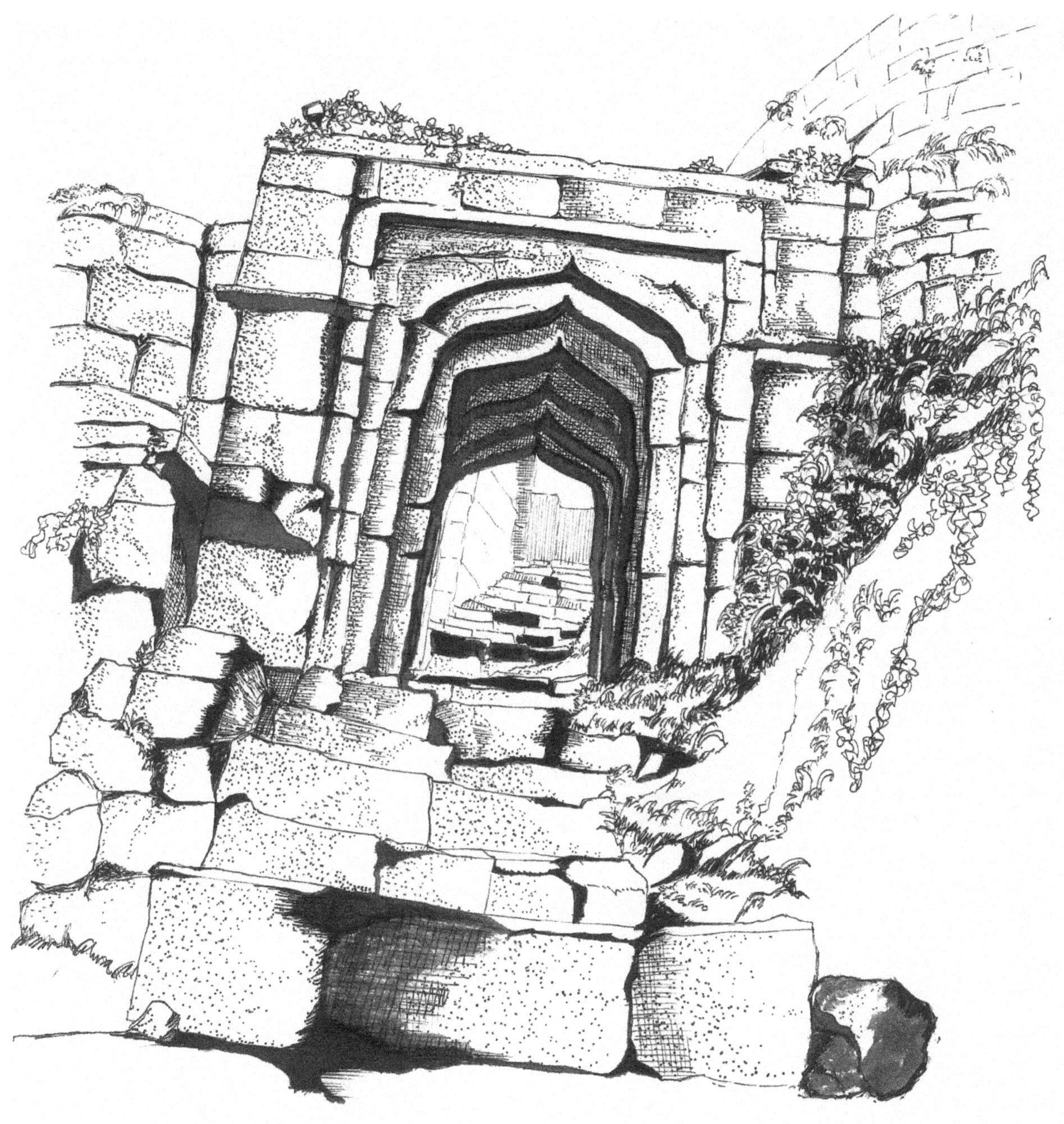

Regel #6: Das Auge der/des BetrachterIn führen

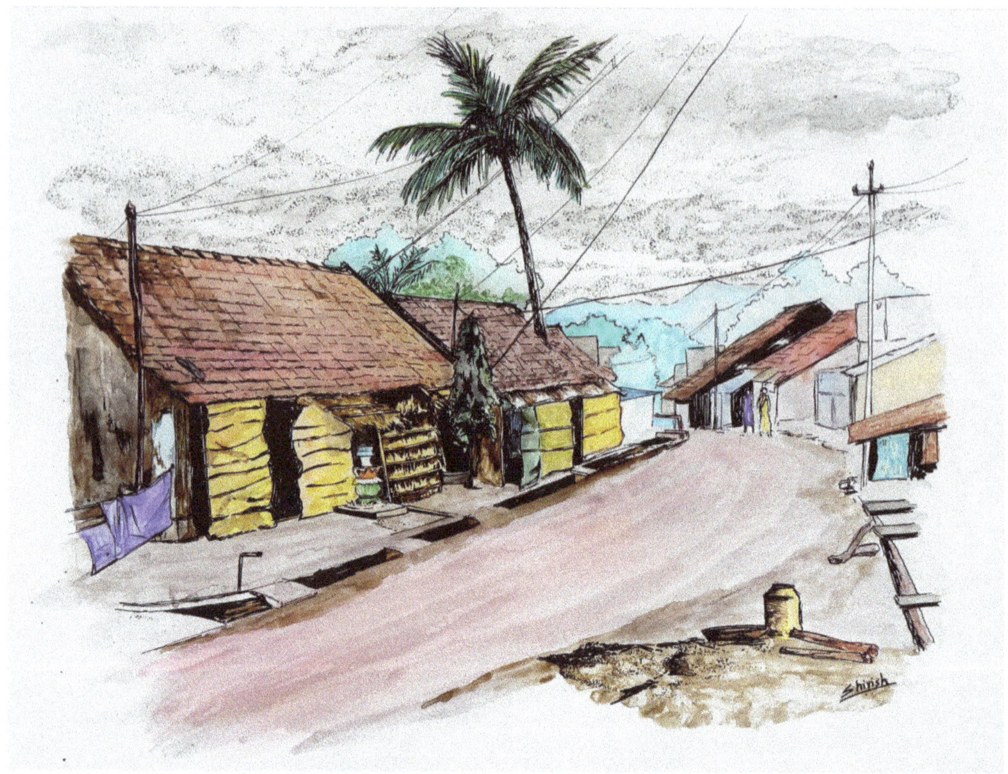

Diese „Regel" ist der Höhepunkt aller bisherigen „Regeln".
- Gleichgewicht
- Drittel-Regel
- Überlappung
- Ebenen wie Vordergrund, mittlere Ebene und Hintergrund
- Rahmen innerhalb eines Rahmens

Diese „Regel" bezieht sich nicht so sehr auf einen Aspekt der Komposition. Es geht vielmehr um die Gesamtwirkung einer Komposition auf die Vorstellungskraft der/des BetrachterIn.

Du siehst – wie das Auge einer/s BetrachterIn über deine Schöpfung wandert, ist der Schlüssel dazu, wie diese ihn/sie beeinflussen wird.

Gib der/dem BetrachterIn mehr Möglichkeiten, verschiedene Elemente in deinem Bild zu entdecken. Und sie/er wird sich in dein Kunstwerk verlieben.

Der Weg, dies zu beeinflussen, ist zu entscheiden, wie das Auge der/des BetrachterIn eben in deinem Bild wandern soll.

Bevor das hier zu kompliziert wird, lass uns das anhand eines Beispiels ansehen.

Im Bild oben führt die Straße das Auge von unten links zum Horizont. Die/der BetrachterIn spürt, dass sie/er tatsächlich in das Bild eindringt.

Mit verschiedenen Tricks kannst du das Auge wie folgt ins Bild führen. Dies sind einige der Tricks, die ich benutze, oder bei anderen KünstlerInnen gesehen habe. Aber beschränke dich nicht auf diese. Als KünstlerIn kannst du immer wieder neue Dinge erfinden!

a) Halte dein Hauptthema auf der rechten Seite des Bildes mit der „Regel" der Drittel - Die meisten Menschen auf der Welt schreiben von links nach rechts (mit einigen Ausnahmen wie der arabischen Schrift), daher neigen sie auch dazu, das Bild von links nach rechts zu „lesen".

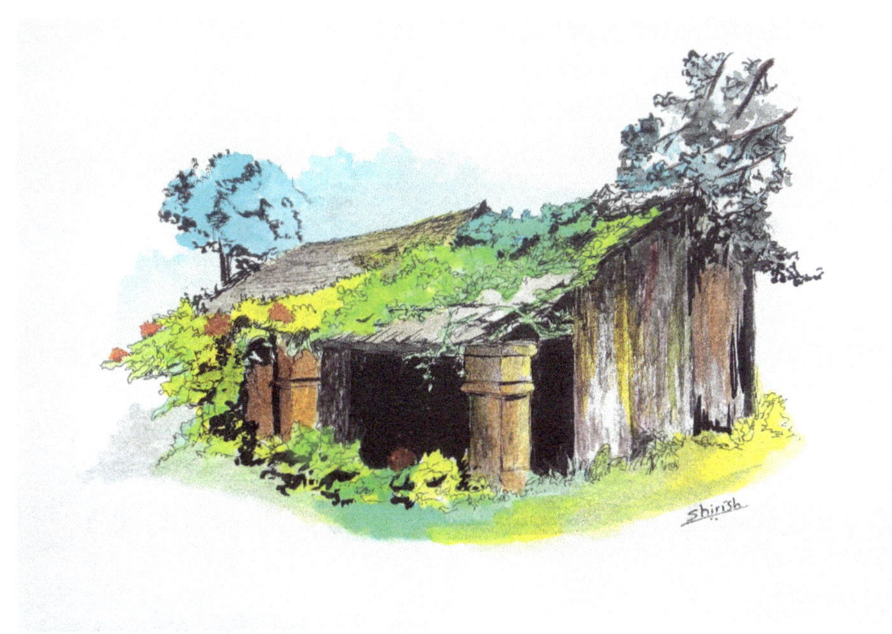

Wenn du das Hauptmotiv auf der linken Seite des Bildes platzierst, kann die/der BetrachteIn schnell das Interesse verlieren.

Denn sie/er hat bereits gesehen, was auf dem Bild wichtig ist.

b) Verwendung von Linien in einem Winkel - Dies ist nützlich beim Skizzieren/Malen bestimmter Elemente, wie:
- Straßen
- Flüsse
- Eisenbahnen
- Bänke
- Alle anderen Elemente mit parallelen Kanten

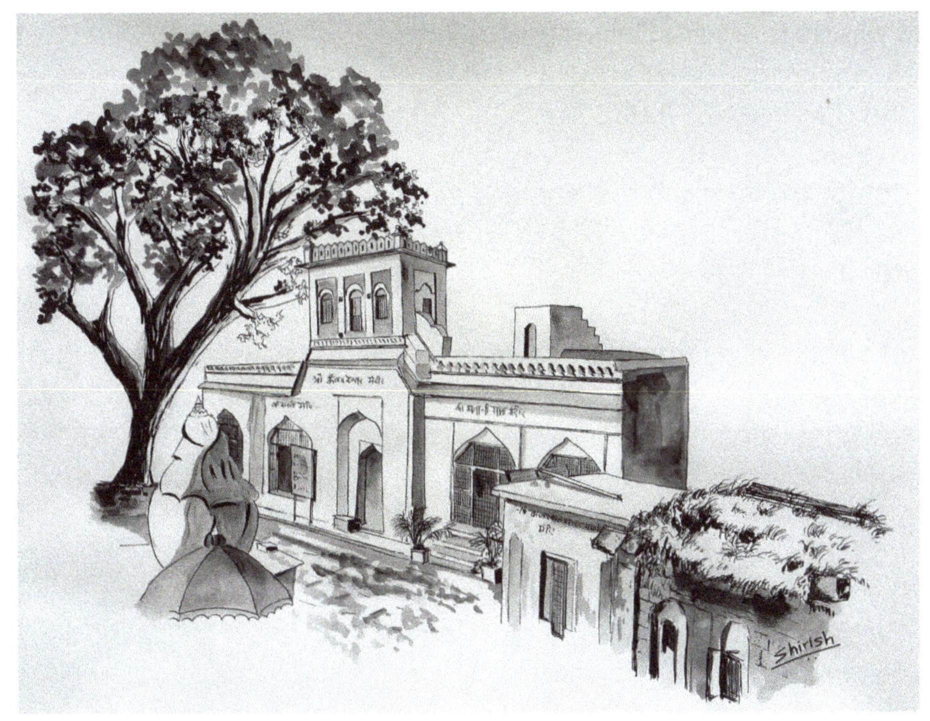

Wenn du solche Elemente horizontal zeichnest, können sie langweilig aussehen (zu viel Balance). Aber wenn du sie in einem Winkel zeichnest, folgt das Auge der/des BetrachterIn den Linien „innerhalb" der Skizze/Malerei.

c) Rahmen innerhalb eines Rahmens verwenden - Dadurch wird automatisch ein Fenster-Effekt für die/den BetrachterIn erzeugt. Versuche es weiter mit den mittleren und Hintergrundelementen, um das Auge der/des BetrachterIn in das Bild zu ziehen. Dies schafft eine ansprechende Komposition. Diese Methode wird bereits in der obigen Regel #5 ausführlich diskutiert.

d) Überlappung kann verwendet werden, um das Auge der/des BetrachterIn in das Bild zu führen. Wenn die/der BetrachterIn ein Bild sieht, was sieht ihr/sein Auge automatisch? Natürlich die Vordergrundelemente.

Das Auge der/des BetrachterIn folgt den Linien, die von den Vordergrundelementen zu den Hintergrundelementen führen.

Sieh dir nochmal das Bild des Dorfes in dieser „Regel" an, um zu sehen, was ich meine.

Tatsächlich gelten alle die bisher diskutierten so genannten „Regeln" nicht unabhängig voneinander. Sie alle ergänzen sich und bauen aufeinander auf. Ich habe sie nur zum besseren Verständnis als separate „Regeln" aufgeschlüsselt.

Und vergiss nicht das Wichtigste. Jede dieser „Regeln" ist dazu bestimmt, gebrochen zu werden. Also sei nicht zu starr gegenüber diesen „Regeln". Es sind nur Richtlinien, keine in Stein gemeißelten Dinge. Mit diesem einen weiteren philosophischen Dialog gehen wir zur nächsten kompositorischen „Regel" über.

Regel #7: „Dimensionierung" der Elemente

Bei dieser „Regel" geht es darum, die Größe eines Elements im Kopf der/des BetrachterIn durch die Art und Weise zu beeinflussen, wie es in einem Bild dargestellt wird.

Erinnere dich an einen Fantasy-Film, den du gesehen hast.

Wenn ein riesiges Monster die Szene betritt, wo ist dann die Kamera platziert?

Immer am Fuße des Monsters, aufblickend.

Wenn ein Element von unten betrachtet wird und nach oben schaut, fühlt es sich groß an. (die Bild auf der nächsten Seite).

Wenn man ein Element dagegen von oben betrachtet, sieht es kleiner und sogar unbedeutend aus.

Dies ist eine Verzerrung, die häufig beim Aufnehmen von Kinderfotos verursacht wird.

Wenn du ein Kind oder eine andere Person fotografierst, begib dich immer auf deren Niveau. Dies erzeugt viel bessere, schmeichelhafte Bilder.

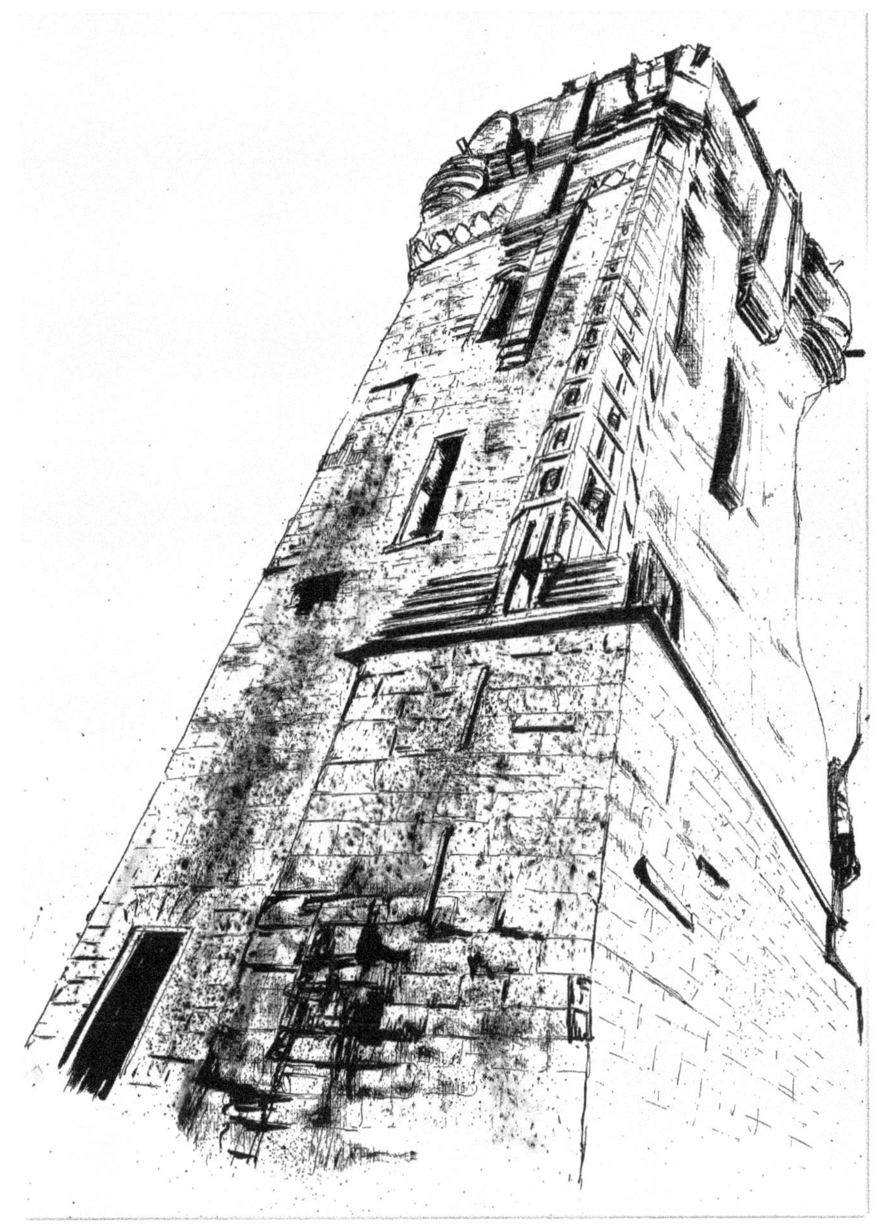

Regel #8: Hervorhebung und geringere Gewichtung von Elementen (visuelles Gewicht)

Diese „Regel" baut auf allen zuvor erwähnten „Regeln" auf.

Der Sinn der Planung der Komposition besteht darin, die/den BetrachterIn zu beeinflussen. Wir wollen, dass die/der BetrachterIn unsere Schöpfung auf eine bestimmte Weise sieht. Um diese Erfahrung zu steuern, wollen wir die Elemente in unserem Bild betonen oder weniger betonen.

Standardmäßig sind alle Elemente innerhalb eines Bildes gleich.

Aber um die Dinge interessanter zu machen, können einige Elemente innerhalb des Bildes „gleicher" gemacht werden.

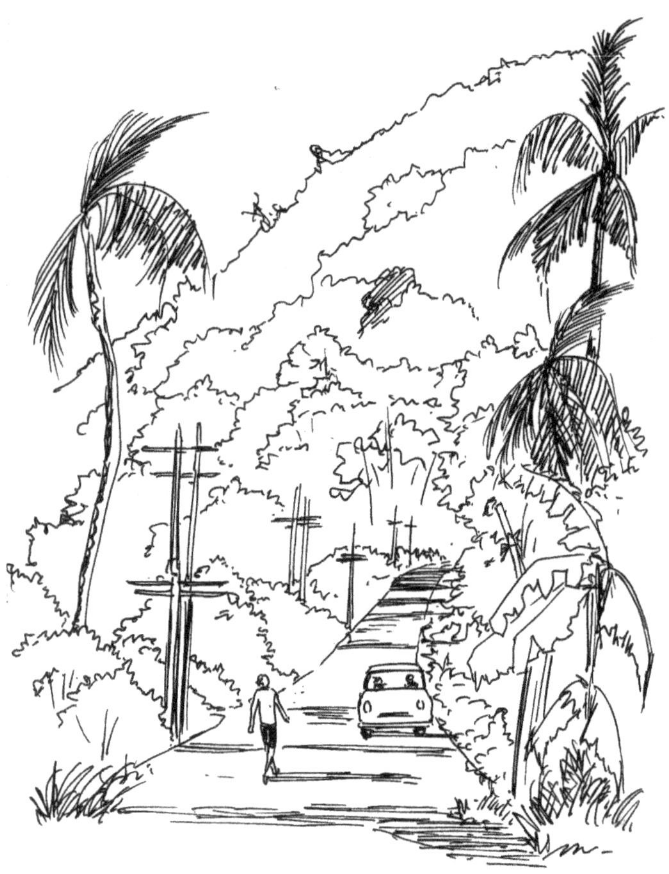

Siehst du das selbe Bild, aber mit betonten
Elementen. Du kannst sofort erkennen, das
dieses Bild weniger überladen wirkt.

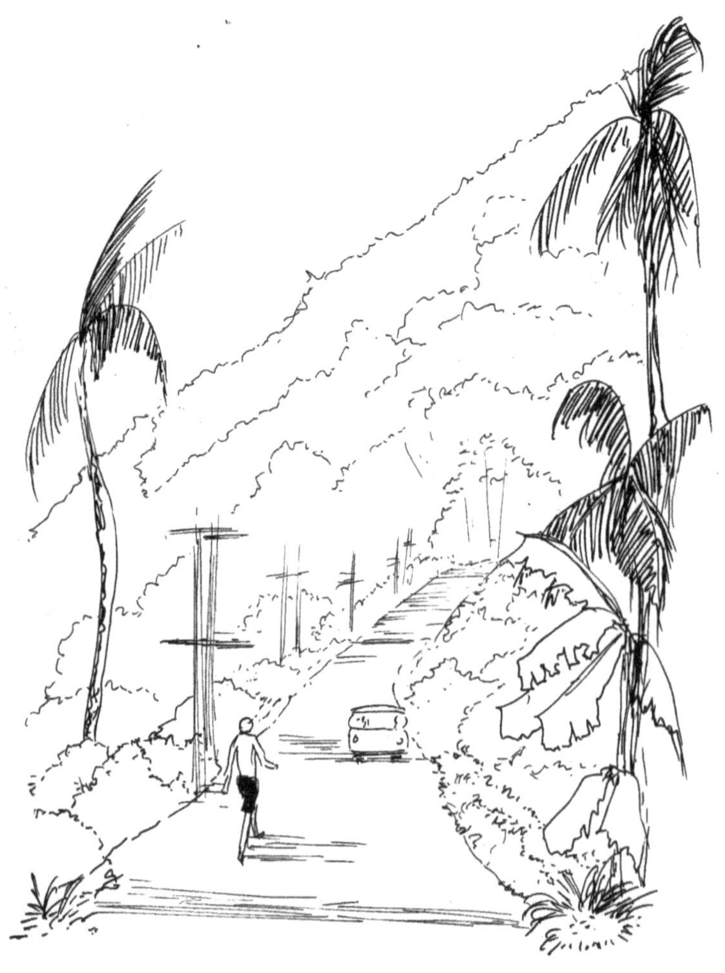

Du kannst die Betonung von Elementen mit verschiedenen Methoden steuern. Im Folgenden findest du einige häufig verwendete Methoden.

Dies ist in keiner Weise eine umfassende Liste, und es werden noch viele weitere Methoden erfunden, während ich sie schreibe.

- Verwende dickere Linien, um die Elemente zu markieren, die hervorgehoben werden sollen. Verwende dünnere Linien für andere (dies geschieht in dem oben genannten Beispiel).

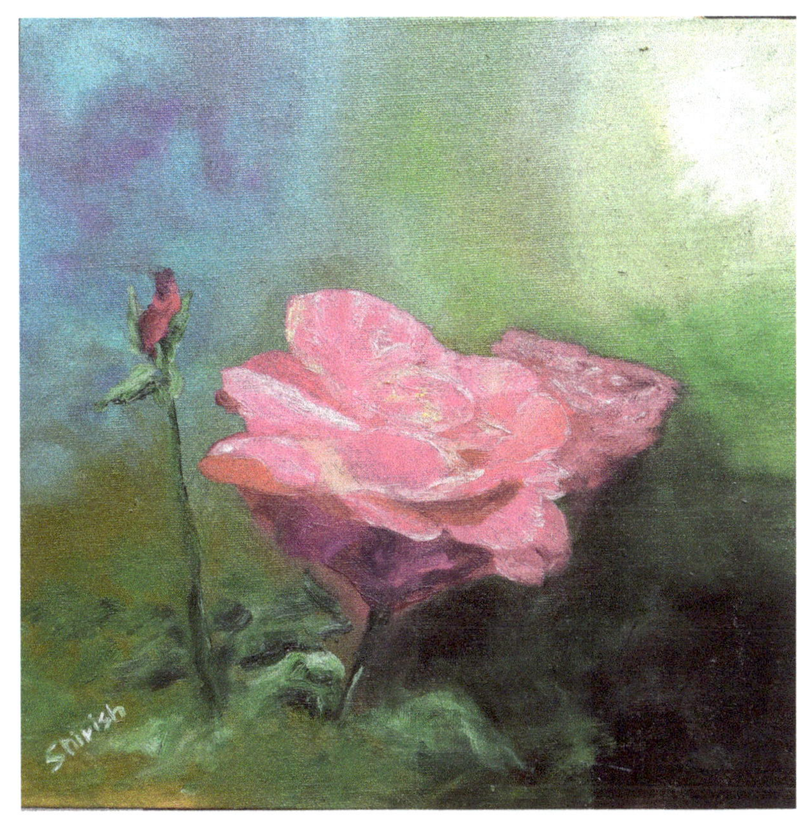

- Zeige mehr Details in den wichtigen Elementen und reduziere Details in den anderen. (Bild oben)

- Verwende randlose Konturen/Silhouetten, um Elemente in den Hintergrund zu verschieben. (Bild auf der linken Seite)

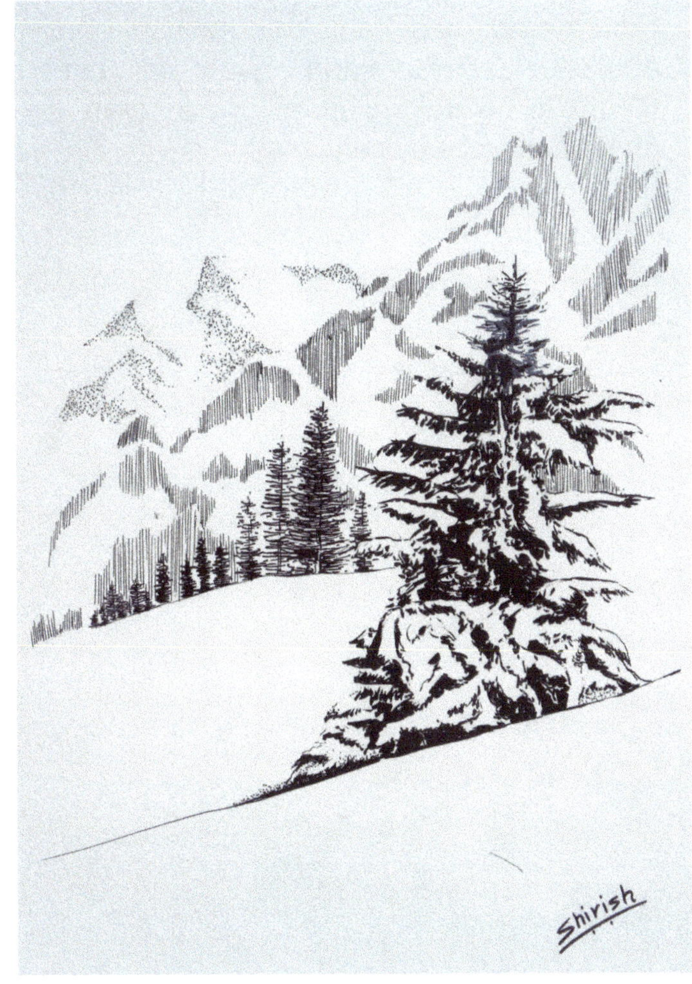

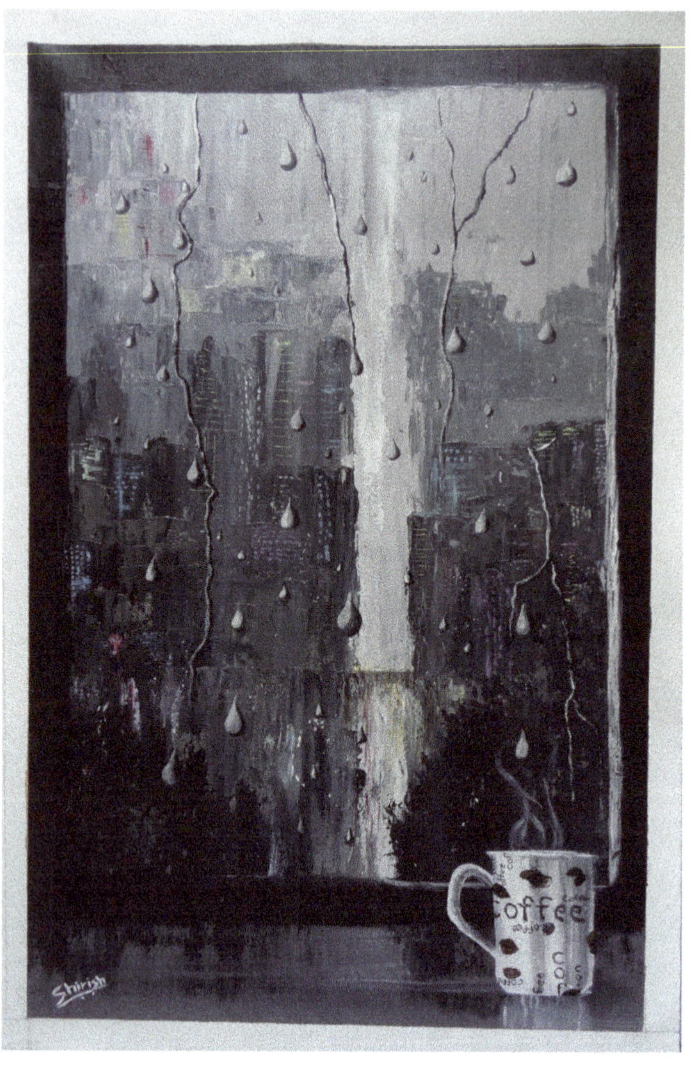

- Verwende hellere Farben, um Elemente hervorzuheben und mehr Graustufen und gedeckte Farben für andere. Sieh dir das folgende Beispiel an. Hier werden die Kaffeetasse und die Wassertropfen auf der Fensterscheibe hervorgehoben. Der Rest des Bildes ist praktisch grau.

- Beim Fotografieren wird eine größere Blendeneinstellung verwendet, um den Hintergrund unscharf zu machen. Ein ähnlicher Effekt kann auch in einem Gemälde erzielt werden. Wie man im folgenden Beispiel sehen kann.

Ist es zwingend erforderlich, einige Elemente wie diese hervorzuheben?

Auf keinen Fall! Manchmal möchtest du vielleicht alle Elemente mit der gleichen Wichtigkeit in deinem Bild haben.

Für Kunst gibt es keine konkreten Regeln.

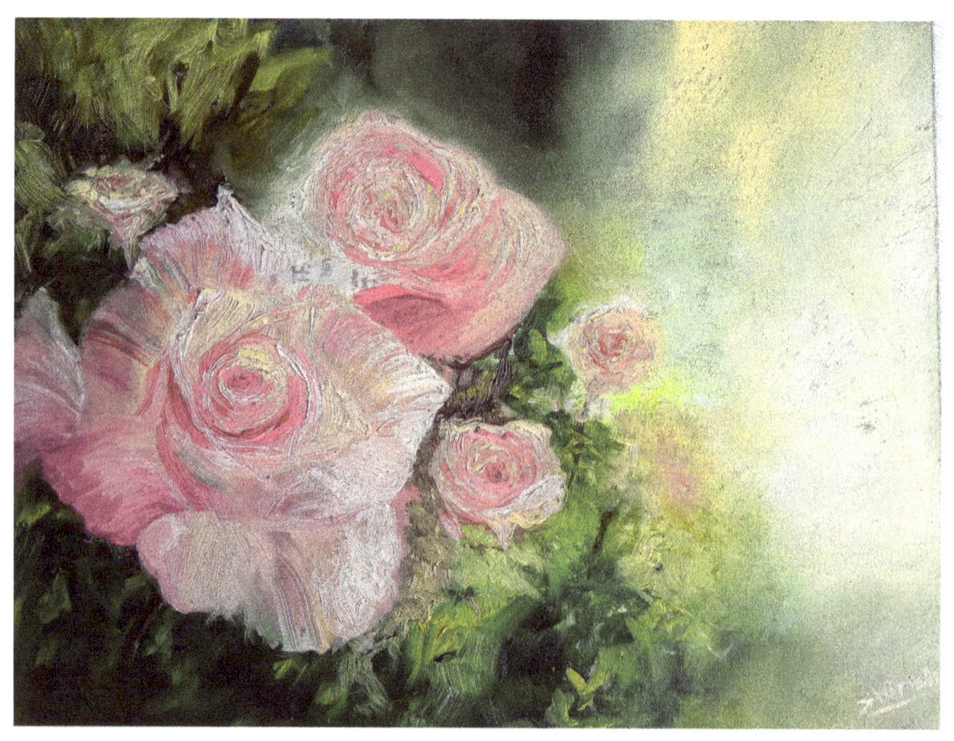

Komposition und Perspektive

Regel #9: Verwendung von weißen Flächen/Negativraum/Leerraum

Es gibt eine sehr populäre Illusion, die viele KünstlerInnen leben.

Jede Ecke und Ritze des Papiers/der Leinwand muss aufgefüllt werden.

Nichts kann weiter von der Wahrheit entfernt sein.

Tatsächlich kann der negative Raum in einer Skizze/Malerei die Wirksamkeit des Bildes erheblich verbessern.

Wie das?

Der weiße Bereich bietet den Elementen eine dringend benötigte „Atempause" (siehe Regel #1 für das Gleichgewicht der Elemente).

Die weiße Fläche kann als wichtiges Element dienen, um die Vorstellungskraft im Kopf der/des BetrachterIn zu stimulieren (siehe z. B. Regel #2 die „Drittelregel").

Die weiße Fläche kann genutzt werden, um das Auge der/des BetrachterIn innerhalb des Bildes zu führen (siehe Regel #6).

Siehst du hier ein Muster?

Siehst du, wie ich mich auf die bereits erläuterten „Regeln" beziehe, um die neuen „Regeln" zu erklären?

Ist das Faulheit?

Vielleicht!

Aber hier geht es um mehr als Faulheit bei der Arbeit.

Alle diese „Regeln" sind miteinander verflochten und können nicht voneinander getrennt werden.

Sie werden als separate „Regeln" erklärt, nur um sie zum Verständnis zu vereinfachen.

Auf der nächsten Seite findest du ein Beispiel dafür, wie freie Flächen effektiv genutzt werden, um die Schönheit eines Bildes zu erhöhen. Du siehst einen hellen Lichteffekt, der durch weiße Flächen und dunkle Bereiche um diese Flächen herum entsteht.

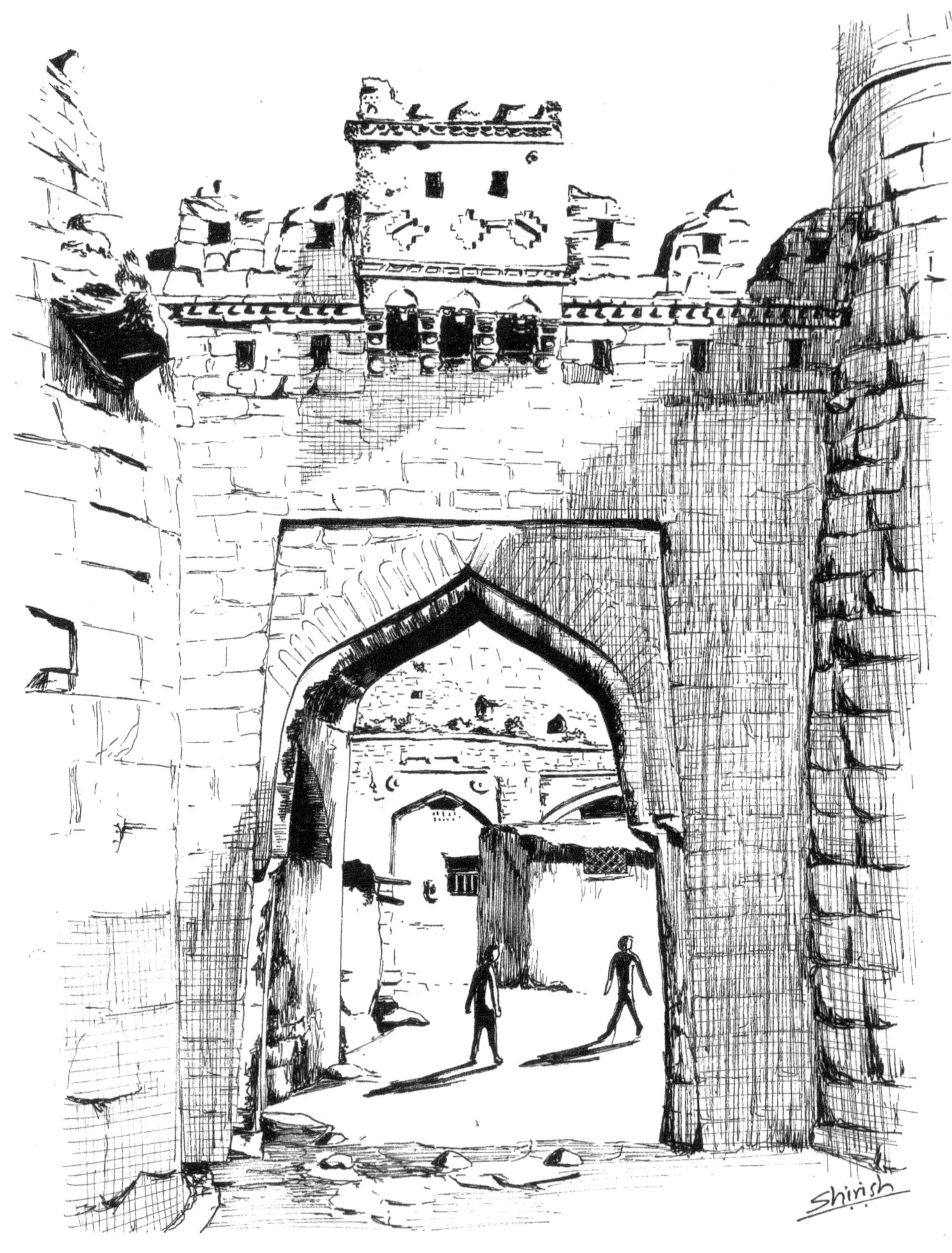

Komposition und Perspektive

Ein Beispiel für das Zusammenspiel aller „Regeln"

Ich sage noch einmal, was ich in diesem Abschnitt immer wieder betont habe.

Alle sogenannten „Regeln" der Komposition sind miteinander verflochten. Sie sollten nicht unabhängig voneinander betrachtet werden.

Schauen wir uns dieses Bild noch einmal an und sehen wir, wie es diesen „Regeln" entspricht.

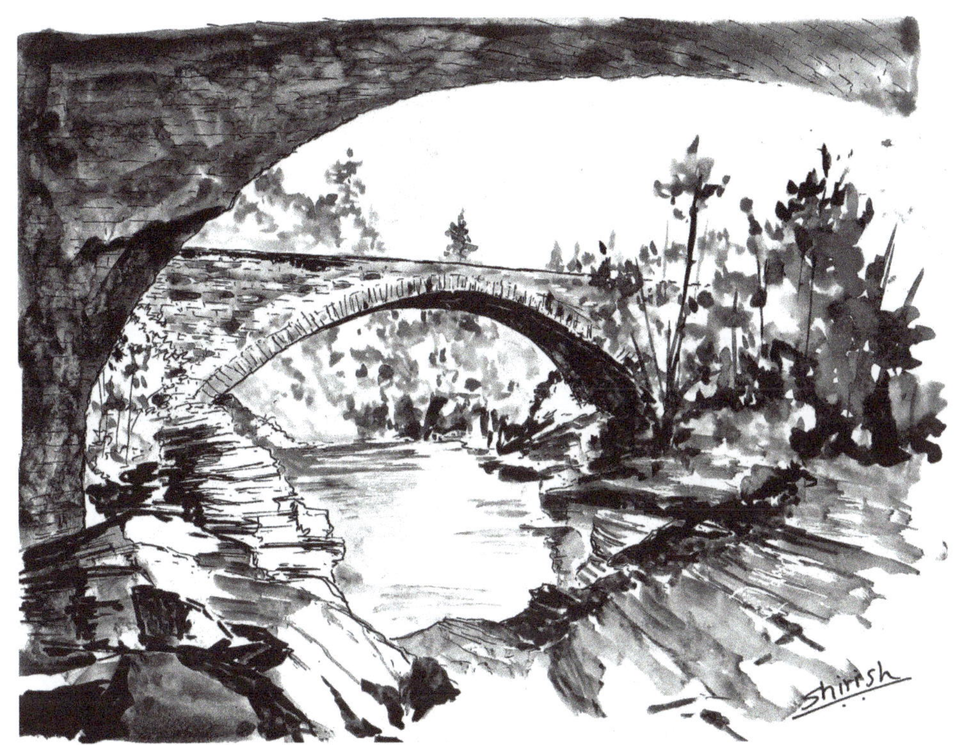

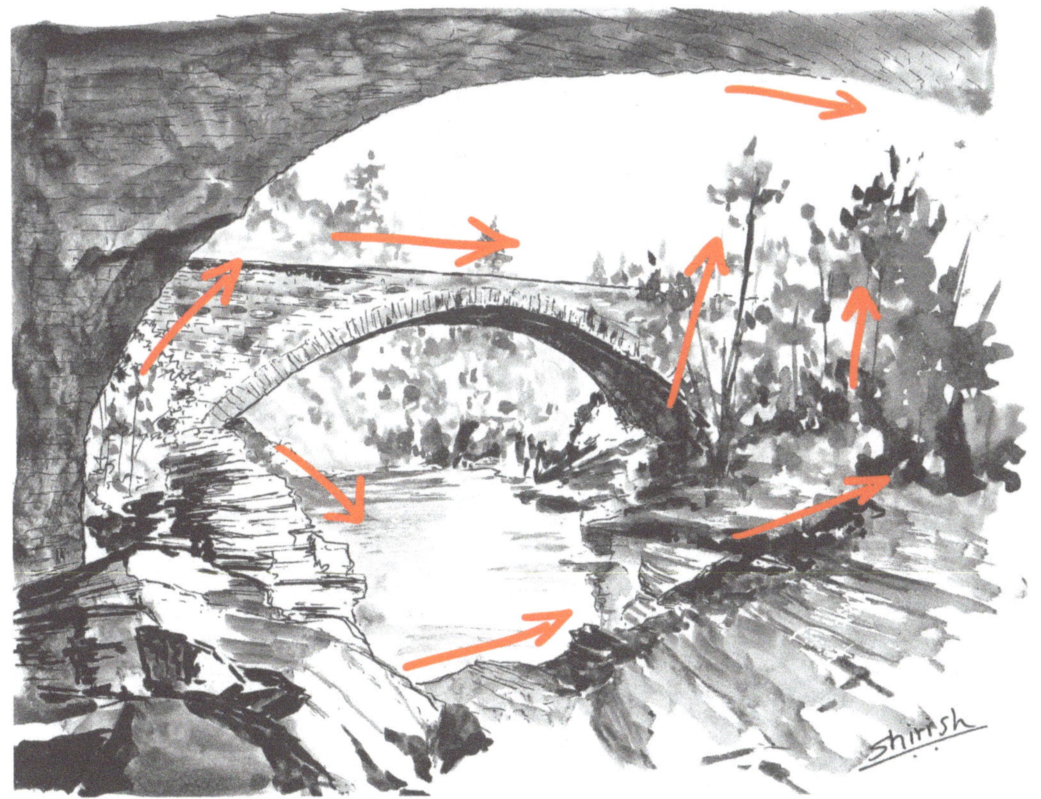

1. Balance:

Sieh dir an, wie die Elemente in diesem Bild etwas aus dem Gleichgewicht geraten sind. Beobachte, wie die verschiedenen Formen einander gegenübergestellt werden. Dies geschieht ohne Unordnung zu erzeugen. Das Bild scheint sich etwas nach links zu neigen, was Interesse weckt. Beachte auch, dass kein Pfeil perfekt horizontal/vertikal ist.

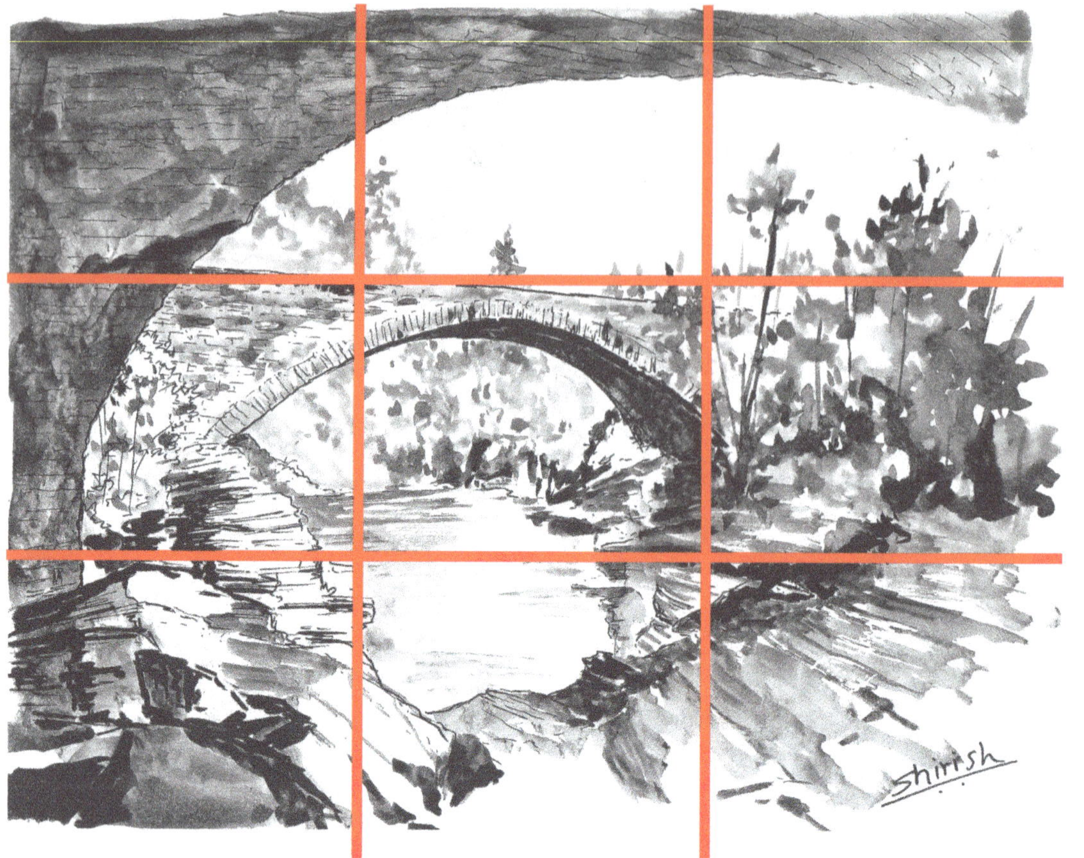

2. Drittel-Regel
Die untenstehende Aufteilung ist ausreichend selbsterklärend!

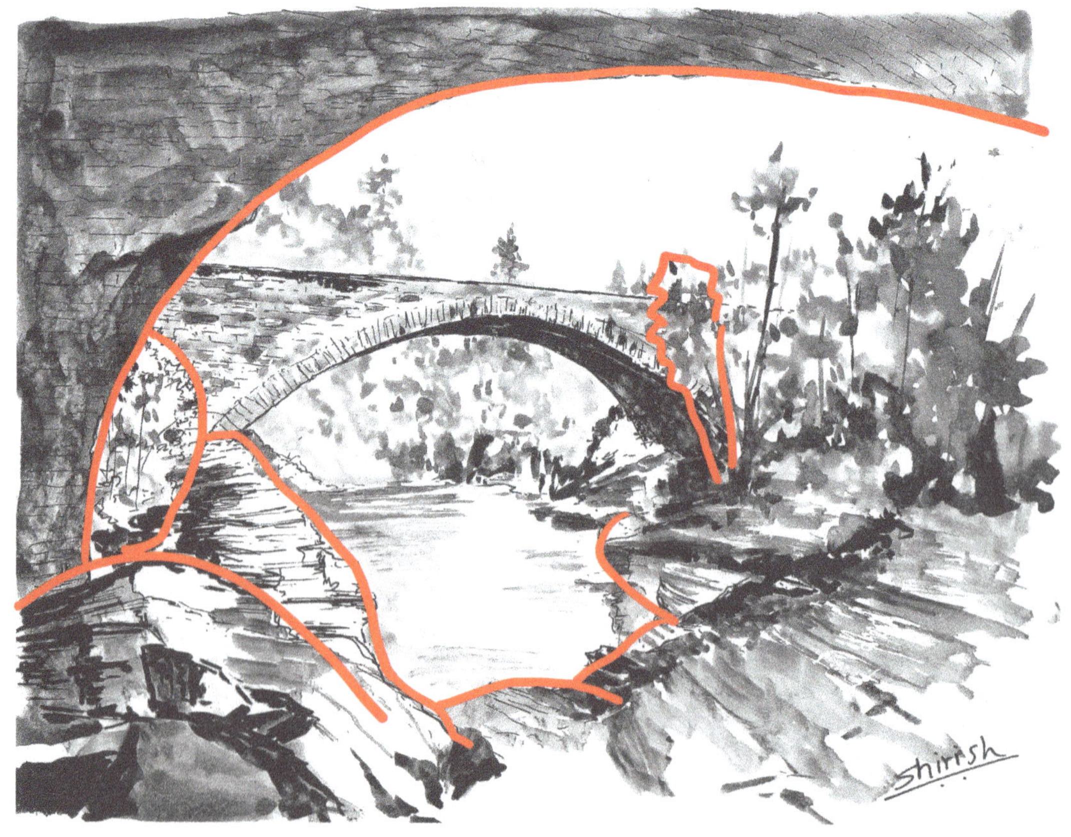

3. Überlappung:
Beobachte, wie sich die verschiedenen Elemente überschneiden.

4. Vordergrund (V), mittlere Ebene (M) und Hintergrund (H): Siehst du, wie die verschiedenen Elemente in diesem Bild deutlich in drei verschiedenen Tiefen platziert sind.

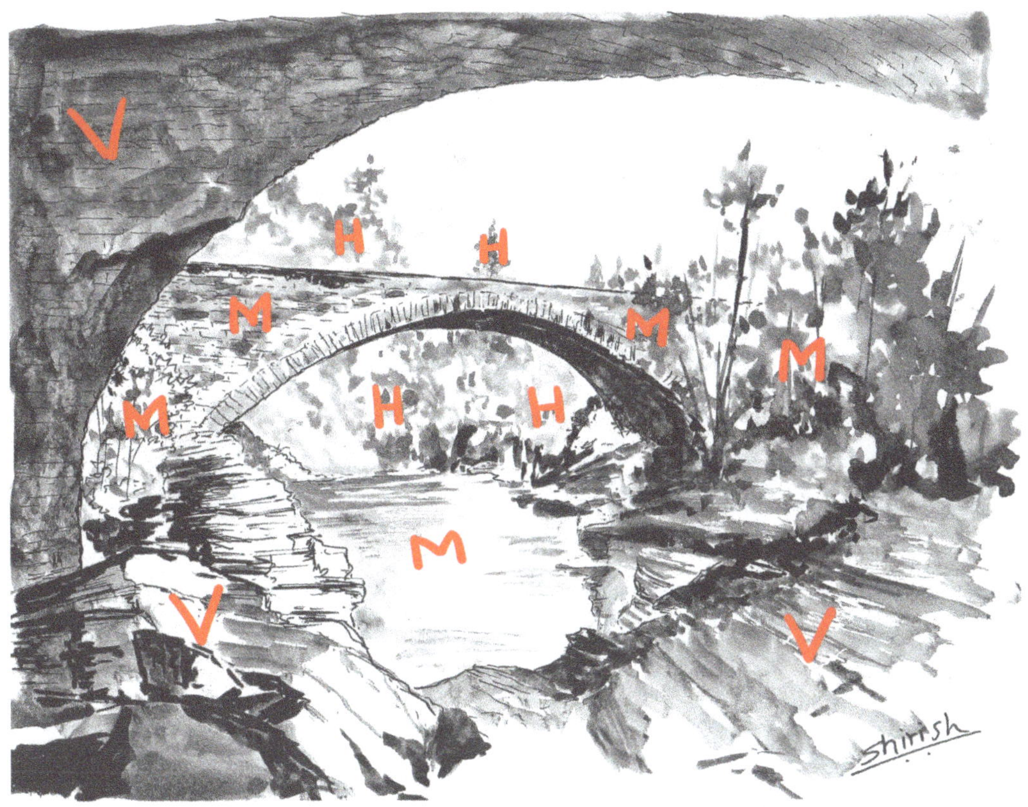

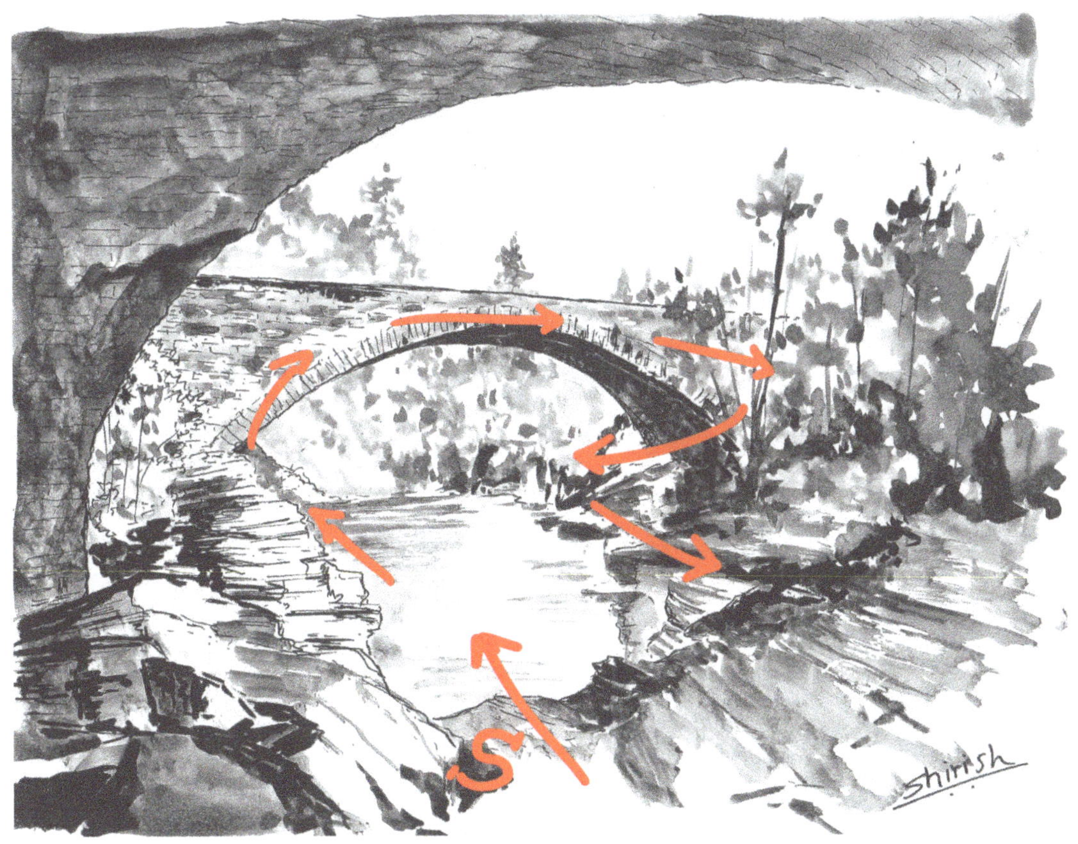

5. Rahmen innerhalb des Rahmens: Dieser Punkt wurde bereits in Verbindung mit diesem Bild diskutiert. Keine Notwendigkeit, das zu wiederholen!

6. Führen des Auges der/des BetrachterIn: Beginnend mit „S" im unteren Bild, verfolgt das Auge der/des BetrachterIn das Bild in Richtung der dargestellten Pfeile.

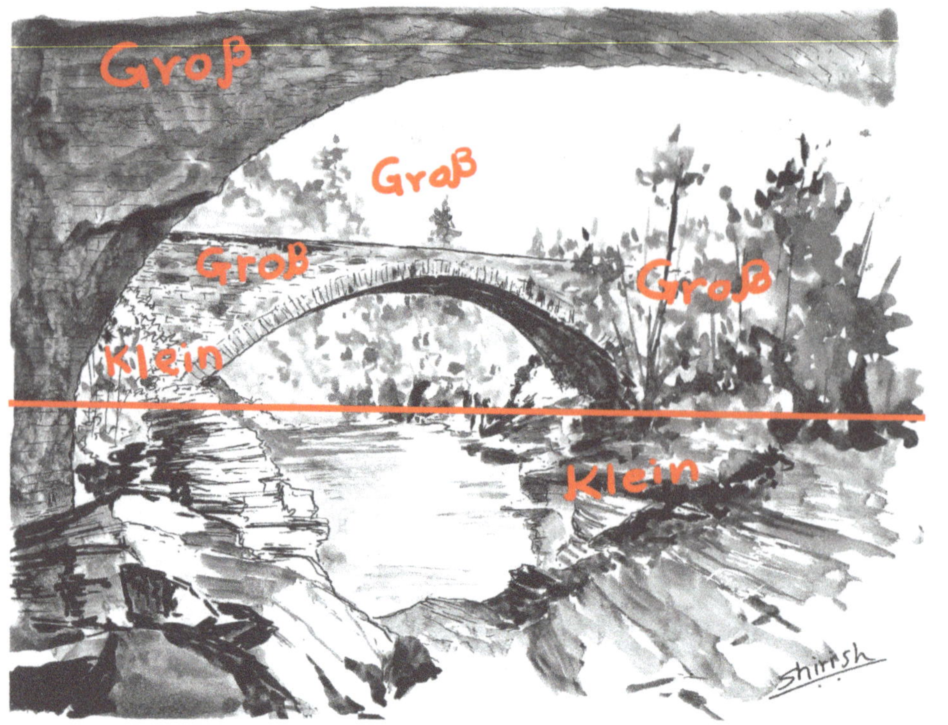

7. „Dimensionierung" der Elemente: In diesem Bild betrachten wir kein Element von oben oder unten. Aber es gibt einen anderen Trick, um Größe zu vermitteln.

Die Steinbrücke wird den hohen Bäumen gegenübergestellt, um ihre Größe anzugeben.

Auch hier haben wir den Horizont (unsere Augenhöhe) genutzt. Wir werden mehr über den Horizont im Abschnitt Perspektive erfahren.

Die über der Horizontlinie platzierten Elemente erscheinen groß und umgekehrt.

8. Hervorgehobene und weniger betonte Elemente (visuelle Gewichtung): Die hervorgehobenen Elemente sind mit „G" bezeichnet. Die nicht betonten Elemente sind durch „W" gekennzeichnet.

Das nächstgelegene Element (der große Bogen im Vordergrund) wird nicht hervorgehoben. Dies geschieht, indem man ihn als Silhouette zeigt. Die entferntesten Elemente werden durch die Unschärfe der Details heruntergespielt.

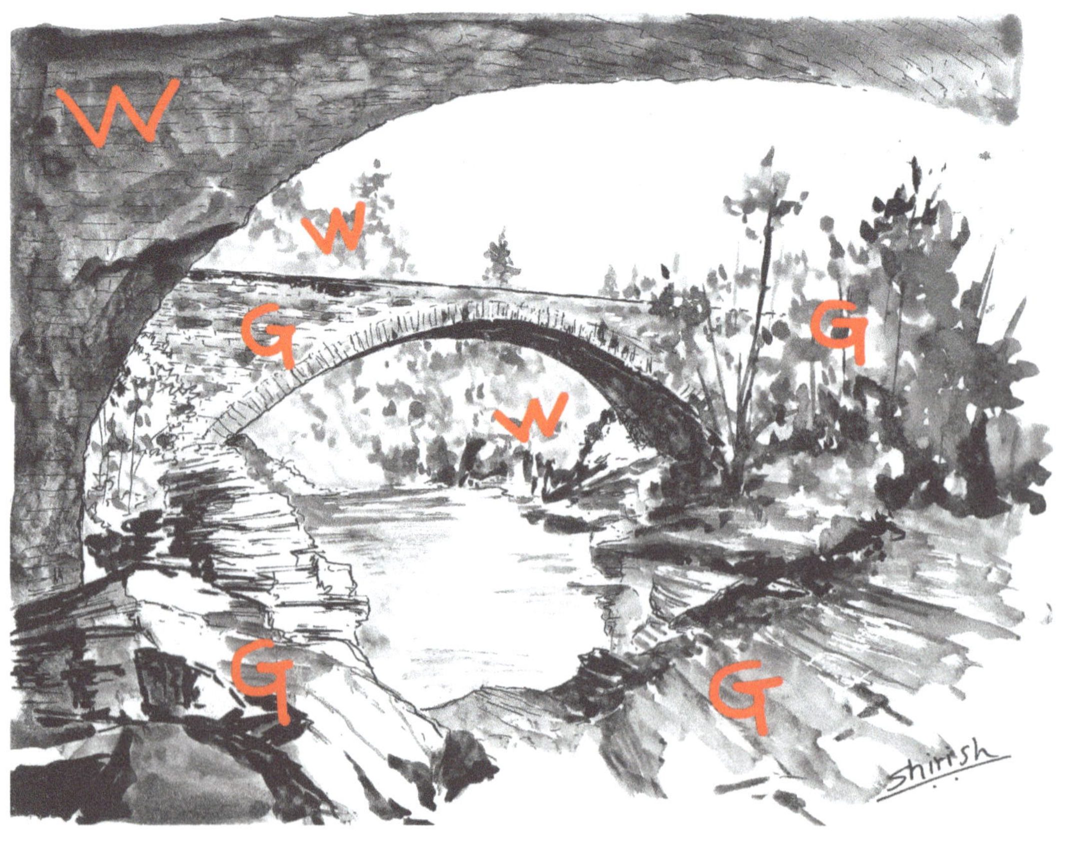

Komposition und Perspektive

9. Verwendung von weißen Flächen/Negativraum/Leerraum: Du kannst beobachten, dass es große leere Flächen im Bild gibt. Aber da sie Seite an Seite mit den dunklen Bereichen platziert sind, füllt unser Gehirn die Details aus und versteht, was diese bedeuten.

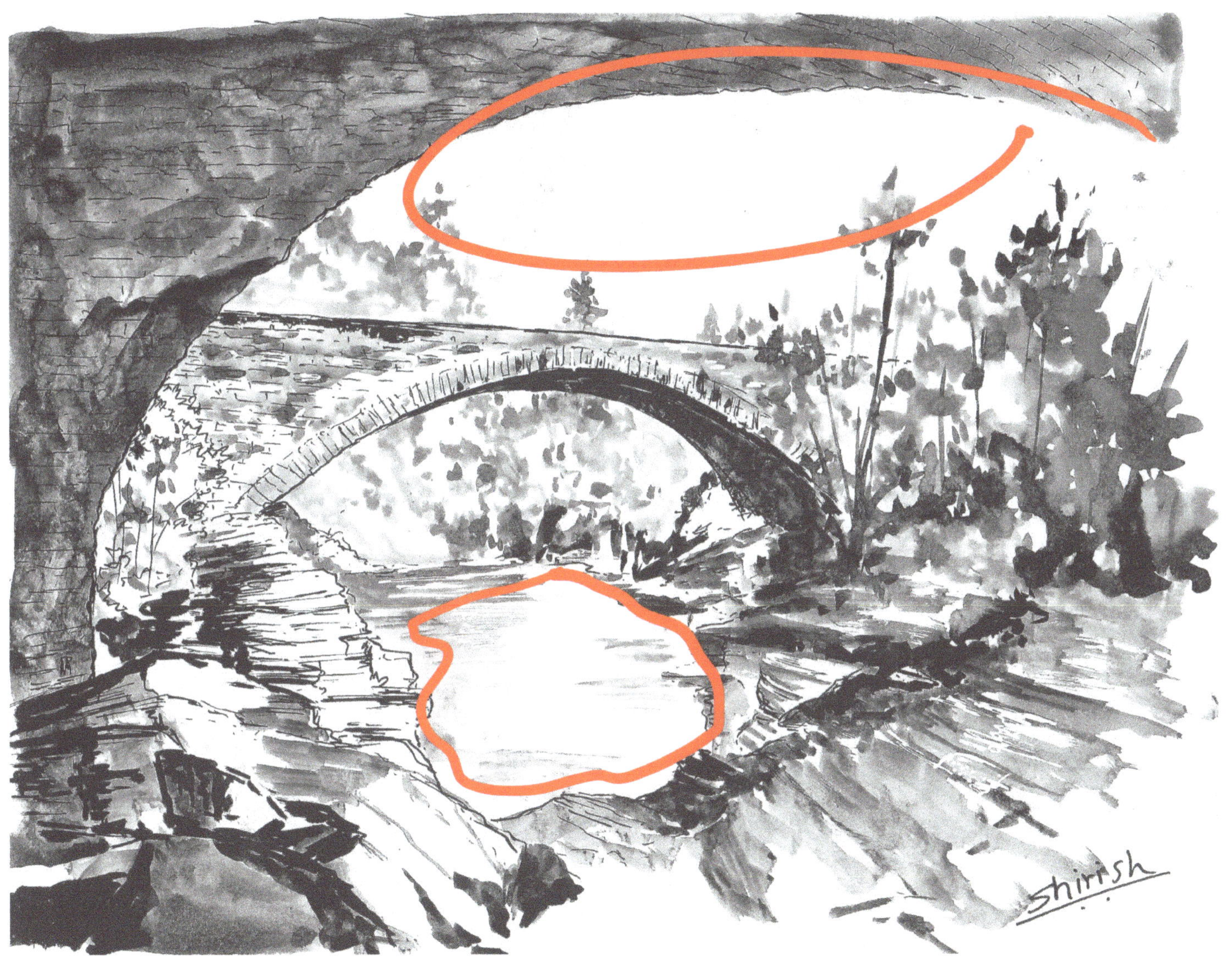

Damit haben wir uns ausreichend mit den „Regeln" der Komposition beschäftigt. Widmen wir uns nun dem mysteriösen Wesen namens „Perspektive".

TEIL 2 - PERSPEKTIVISCHE KONZEPTE

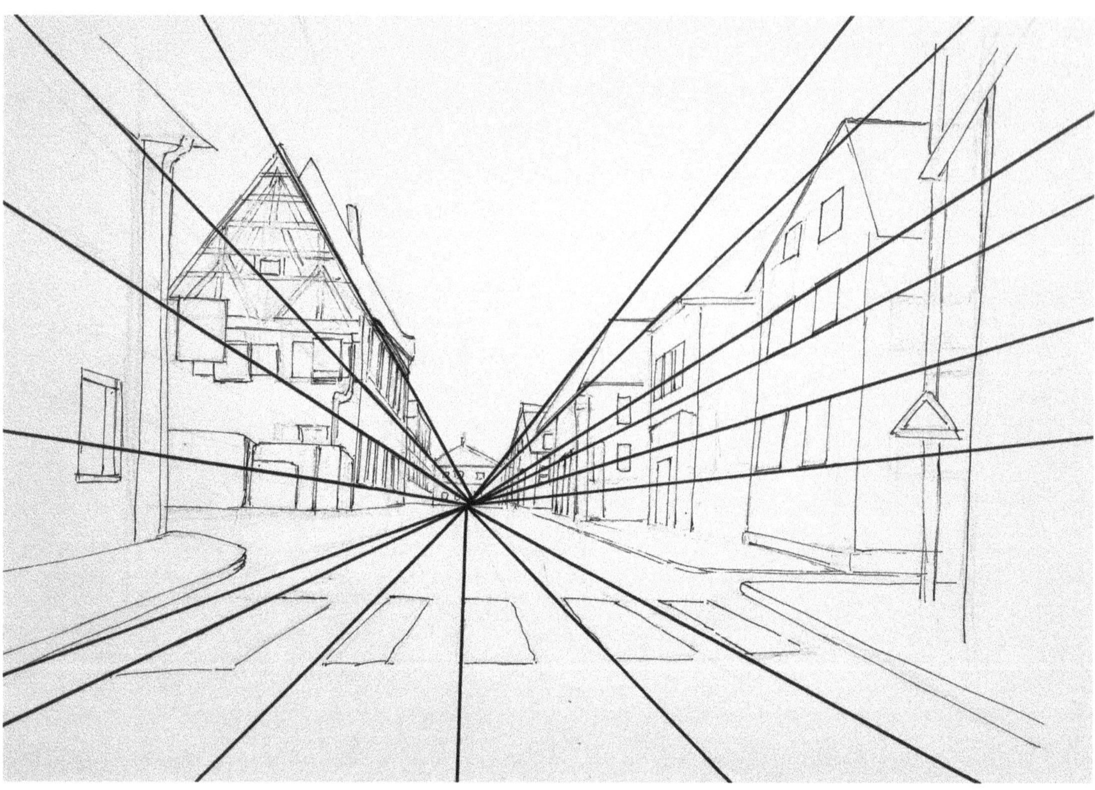

Was ist Perspektive?

Perspektive ist die Art und Weise, wie man etwas wahrnimmt.

Im Klartext ist Perspektive die Art und Weise, wie man etwas „sieht", im Gegensatz dazu, wie dieses Etwas tatsächlich „ist".

„Aber ist das nicht dasselbe? Ist die Art und Weise, wie wir etwas sehen, nicht das gleiche wie das, was es ist?" fragst du vielleicht.

Ich bitte darum, hier zu unterscheiden.

Versteh mich nicht falsch. Ich sage nicht, dass das, was wir sehen, so weit weg von der Realität ist, wie „Neo, nimm diese rote Pille und schau, wie weit das Kaninchenloch geht"!

Wenn du „Die Matrix" gesehen (und hoffentlich verstanden) hast, weißt du, was ich meine.

Wenn du es nicht getan hast, vergiss die letzte Zeile und lass uns weitermachen!

Es gibt alle möglichen Faktoren, die beeinflussen, wie wir Elemente um uns herum sehen und wahrnehmen.

Anstatt dich hier weiter zu belehren, werde ich dir anhand eines Beispiels zeigen, was ich meine.

Das ist John, der auf einer Wiese läuft. Das Bild unten zeigt, wie ich John sehe.

Hast du den Vogel am Himmel bemerkt?

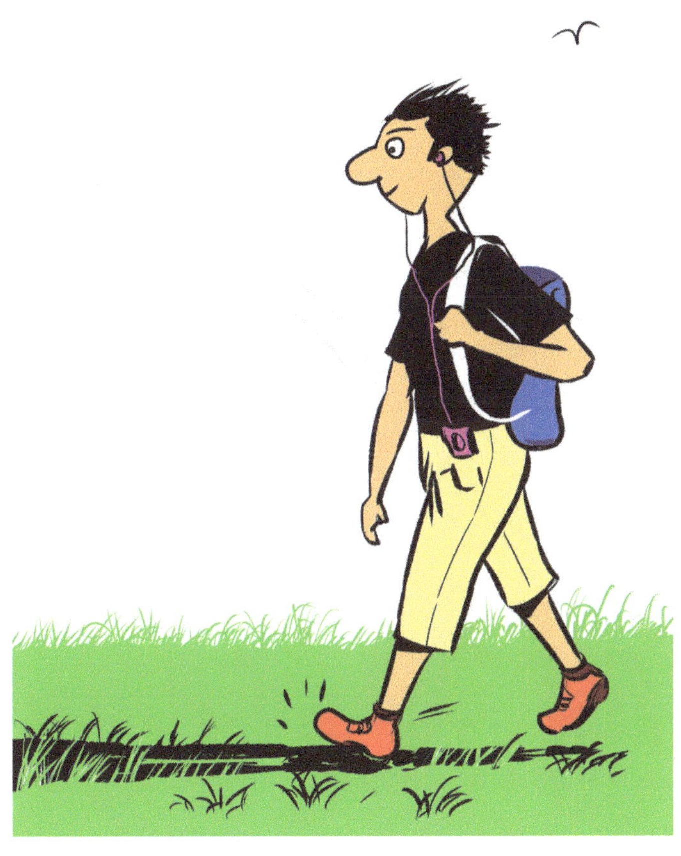

Das Bild unten zeigt, wie der Vogel John sieht.

Weißt du, dass John beim Spazierengehen auf dem Gras gestampft ist?

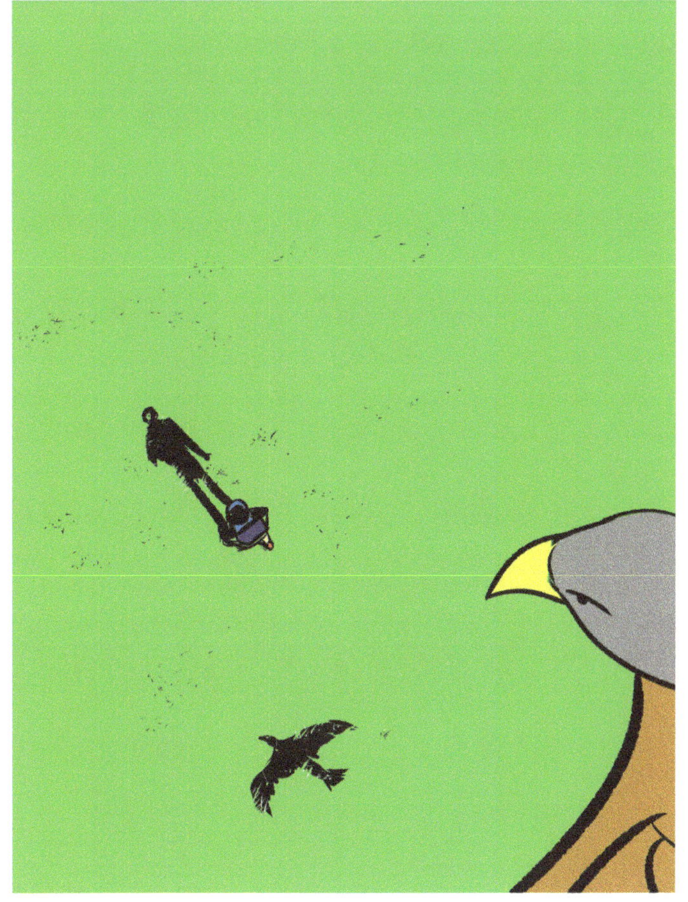

Das Bild auf der rechten Seite zeigt, wie eine arme Ameise im Gras John sah!

Anhand des obigen Beispiels siehst du, dass obgleich es sich um die gleiche Person (John) und die gleiche Situation (John geht auf dem Gras) handelt, die Art und Weise, wie John und seine Situation wahrgenommen werden, für die verschiedenen Akteure (ich, der Vogel und die Ameise) unterschiedlich sein kann.

Einige der Faktoren, die unsere Wahrnehmung beeinflussen, sind:

- Die Größe des Elements im Verhältnis zu uns (Ist es ein kleines Element wie eine Ameise, oder ein großes Element wie ein Elefant, oder ein Wolkenkratzer, oder ein Wal, oder ein T-Rex?)
- Die Menge, Farbe und Intensität des Lichts, das auf das Element fällt
- Unsere Entfernung vom Element
- Der Winkel, in dem wir das Element betrachten

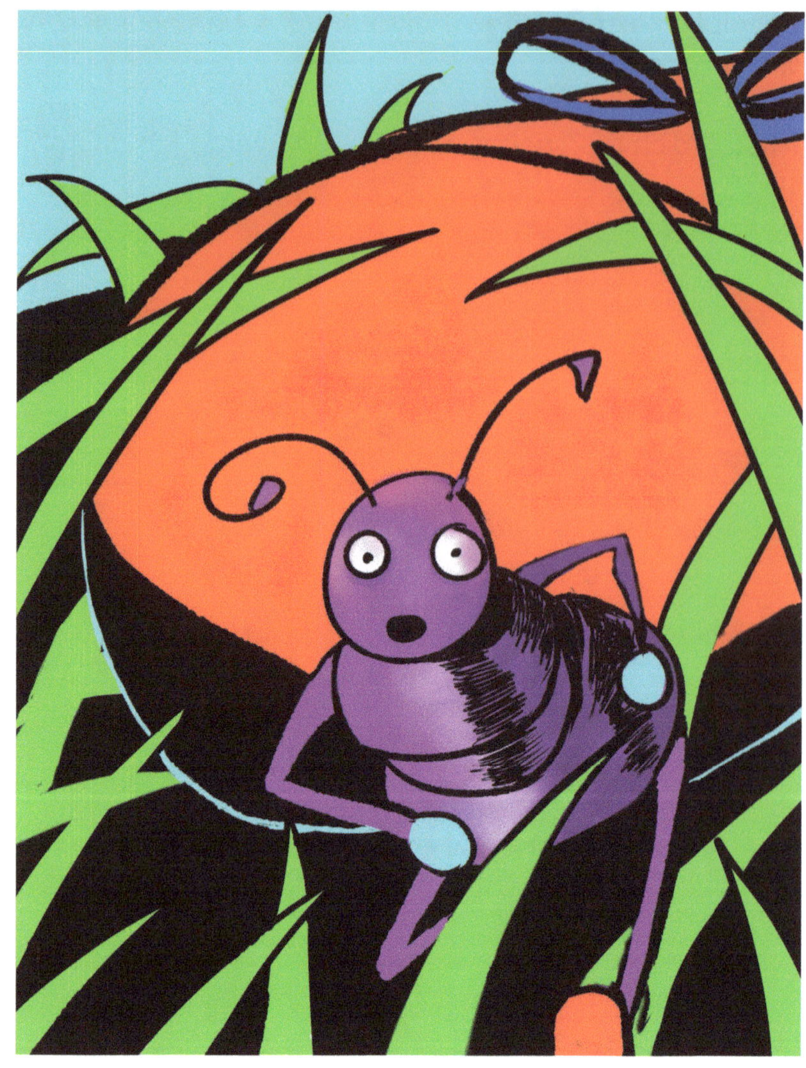

Und diese Faktoren, die ich oben erwähnt habe, sind nur die Spitze des Eisbergs!

Du hast es erfasst, oder?

Als KünstlerIn ist es wichtig für dich zu verstehen, wie sich diese Faktoren auf deine Perspektive auswirken. Ebenso wichtig ist es, diese Konzepte in deine Kunstwerke zu integrieren!

Dies wird deine Kunstwerke definitiv attraktiver und glaubwürdiger für deine ZuschauerInnen machen.

Du kannst auch noch einen Schritt weiter gehen und diese Prinzipien biegen und drehen, um deinen Kompositionen etwas Würze zu verleihen.

Wir werden später in diesem Buch einige Beispiele dafür sehen, wie man das macht.

    Komposition und Perspektive

Warum ist die Perspektive wichtig?

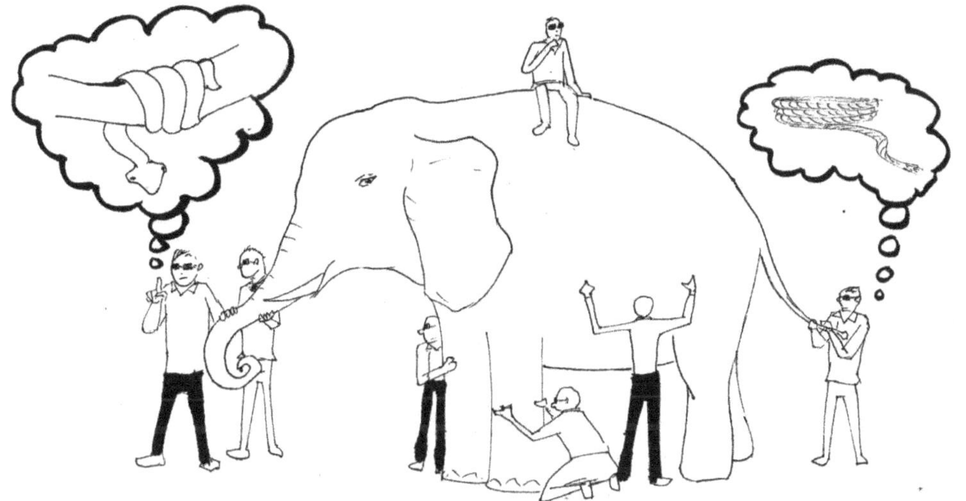

Es gab sieben blinde Freunde. Bei ihrem täglichen Spaziergang stießen sie auf einen Elefanten (frag mich nicht wie!).

Da der Elefant im Vergleich zum Menschen ein sehr großes Tier ist, mussten sie sich zerstreuen, um sich um den Elefanten „herum zu fühlen".

Während sie um den Elefanten herumgingen, ergriffen einige von ihnen die Beine des Elefanten.

Eine Person griff nach dem Schwanz des Elefanten.

Ein paar andere nach dem Rüssel.

Während eine Person auf dem Tier in der Nähe des Elefantenkopfes landete!

Die ganze Zeit stand der Elefant totenstill und bewegte keinen Muskel.

Wie ist der eine Typ in der Nähe des Elefantenkopfes gelandet? Und warum hat sich der Elefant nicht bewegt (oder jemanden zertrampelt – für jene mit dramatischer Phantasie unter euch)?

Woher soll ich das wissen?

Ich sagte dir doch, das ist eine alte Geschichte. In dieser Geschichte ist die Moral (oder Pointe) wichtiger als die Logik!

Also, wo war ich? Oh ja.....

Jeder der Freunde hatte einen Teil des Elefanten in die Finger bekommen. Keiner von ihnen konnte den ganzen Elefanten sehen. So begannen sie zu raten, worüber sie gestolpert waren.

Die Freunde, die eines der Beine des Elefanten berührten, dachten, dass sie sich an einer Säule festhalten würden.

Der eine Typ, der in der Nähe des Elefantenkopfes gelandet war, dachte, dass er auf einem riesigen Felsen saß.

Der eine Typ, der den Schwanz des Elefanten hielt, dachte, dass er sich an einem Hängeseil festhielt. (Ich hoffe, er blieb nicht lange genug in der Nähe dieses Ortes, um eine böse Überraschung zu erleben!)

Die armen Kerle, die den Rüssel des Elefanten in die Finger bekamen, hatten Angst und dachten, sie hätten ihre Hände auf eine Python gelegt!

Wenn du nun auf eine Pointe wartest, tut es mir leid, dich zu enttäuschen. Es wird keine kommen!

Dennoch gibt es eine Moral.

Jeder dieser Freunde hatte nur begrenztes Wissen über die Situation. Dieses begrenzte Wissen prägte ihre radikal unterschiedlichen Perspektiven.

Und ihre Perspektive wurde von ihrer Situation bestimmt, nicht von der Realität.

Ihre Situation umfasste ihren Platz und den Teil des Elefanten, den sie hielten. In ihrer Wahrnehmung war nie der gesamte Elefant beteiligt.

Eckpfeiler der Perspektive

Es gibt mehrere Eckpfeiler der Perspektive:

a) Horizont
b) Bildebene
c) Entfernung, Größe und Klarheit
d) Entfernung und relativer Abstand
e) Perspektivische Verkürzung
f) Fluchtpunkt

Lass uns jeden einzelnen von ihnen im Detail verstehen.

Horizont

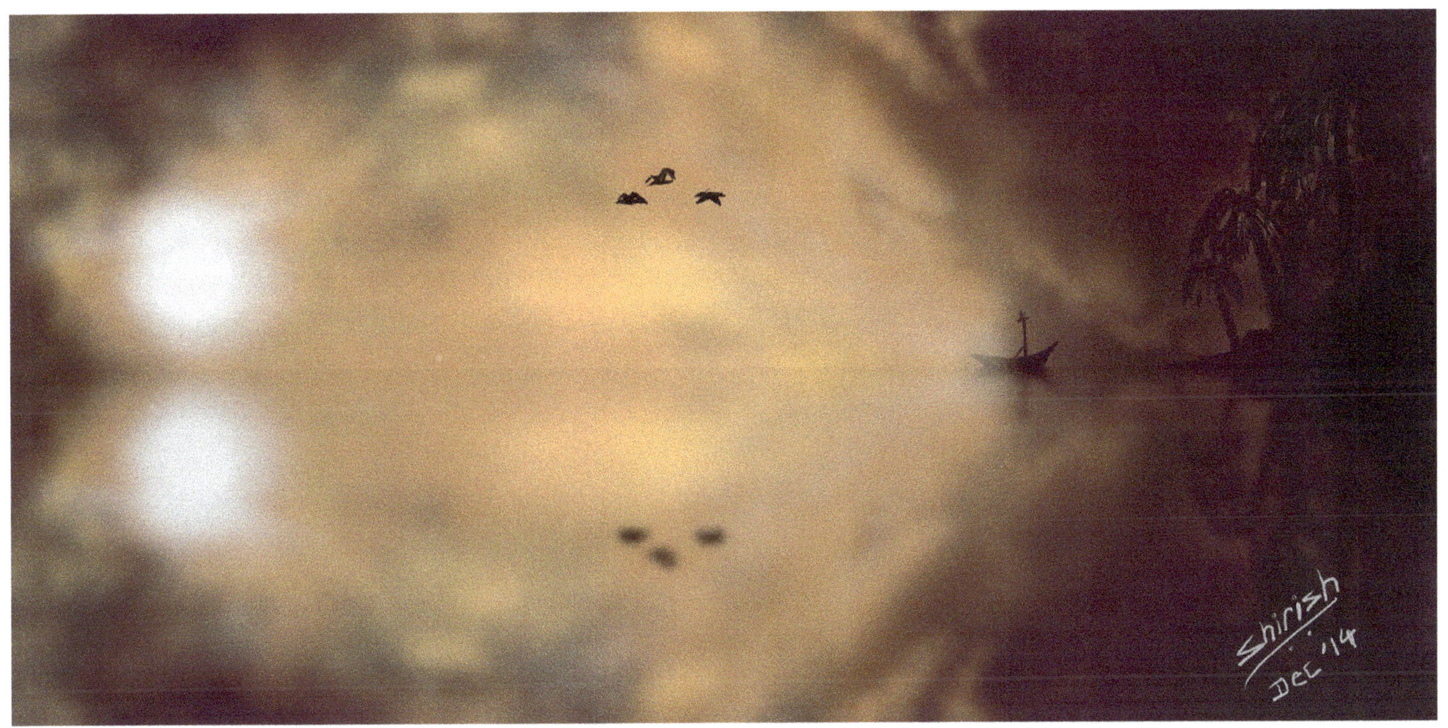

$\textbf{D}$ies ist der Ort, an dem „die Welt endet" für unsere Vision.

- Der Horizont ist für eine Person konstant, solange sie sich nicht bewegt. Ein stationärer Ort, an dem sich eine Person befindet, wird als „Stationspunkt" bezeichnet.

- Wenn die Person ihren Stationspunkt wechselt, ändert sich die Reichweite ihrer Vision. Dadurch ändert sich die Horizontlinie für diese Person.

Zum Beispiel kann eine stehende Person weiter sehen als eine sitzende oder liegende Person. Eine Person, die auf einer erhöhten Position steht (z. B. im obersten Stockwerk eines Gebäudes/auf einem Berg), kann viel weiter sehen.

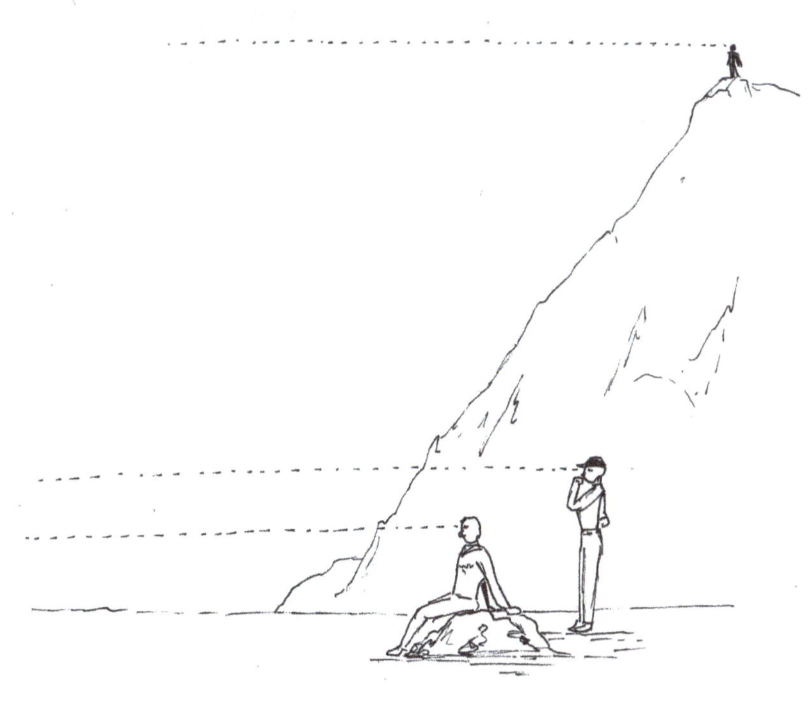

Bildebene (auch „Blickkegel" genannt)

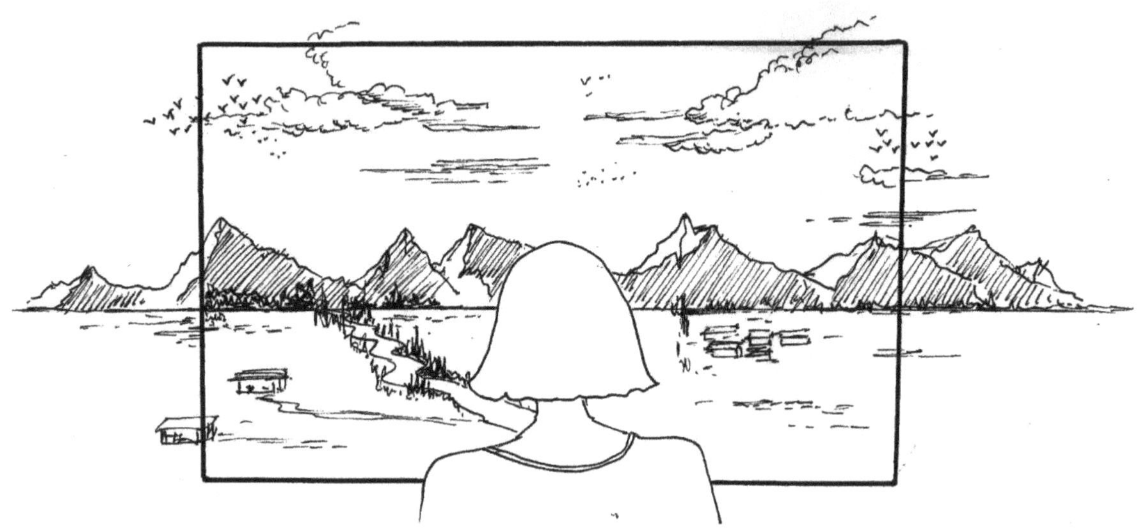

Die Bildebene ist das, was wir „sehen".

- Sie ist das, was auf einer Fotografie/Skizze sichtbar ist.
- Du wählst deine Bildebene, während du ein Foto/eine Skizze machst.
- Typischerweise wird eine Bildebene als Rechteck dargestellt, obwohl es keine Regel ist. Wenn du beispielsweise ein Bild auf einem runden Papier/einer runden Leinwand skizzierst/malst, ist deine Bildebene rund.

Die Bildebene verändert sich natürlich, wenn sich die Position der Person ändert. Oder auch, wenn sich die Höhe der Sicht ändert.

Im Klartext, wenn die Person nach oben, unten oder zur Seite schaut, ändert sich die Bildebene.

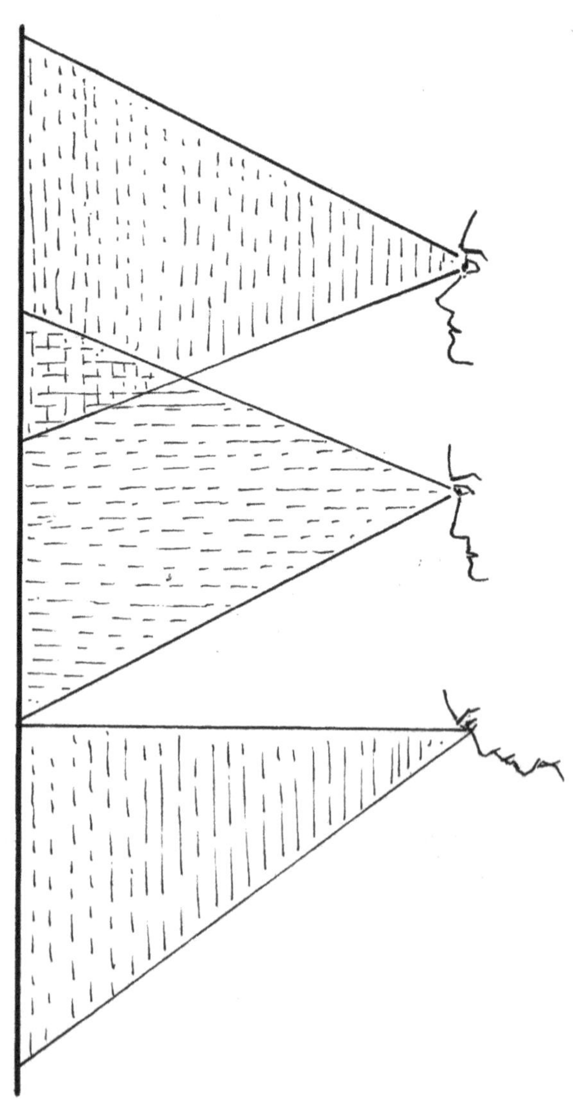

Komposition und Perspektive

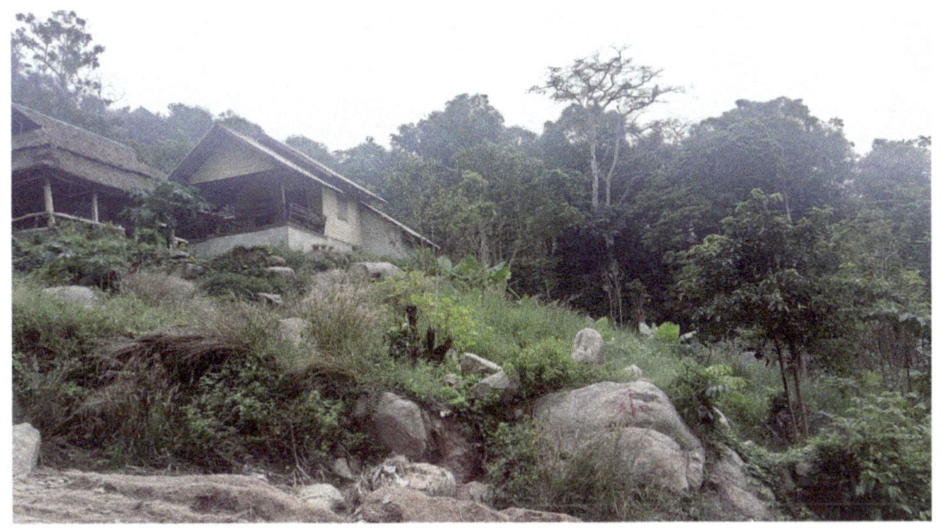

Schauen wir uns an, wie die Bildebene für ein Bild variieren kann, obwohl die für die/den KünstlerIn sichtbaren Elemente gleich bleiben.

Auf der linken Seite ist ein Foto, das ich vor ein paar Jahren auf einer meiner Reisen gemacht habe. Dieses Foto stellt die Bildebene dar, die ich bei der Aufnahme gesehen habe.

Aber ich hätte das Foto vom gleichen Ort auch so aufnehmen können:

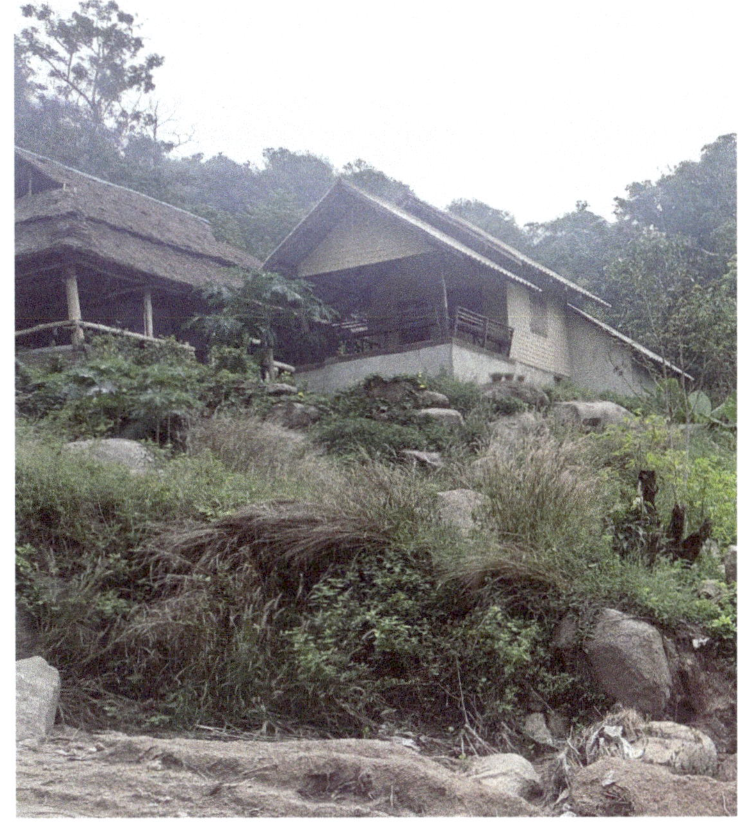

Oder so:

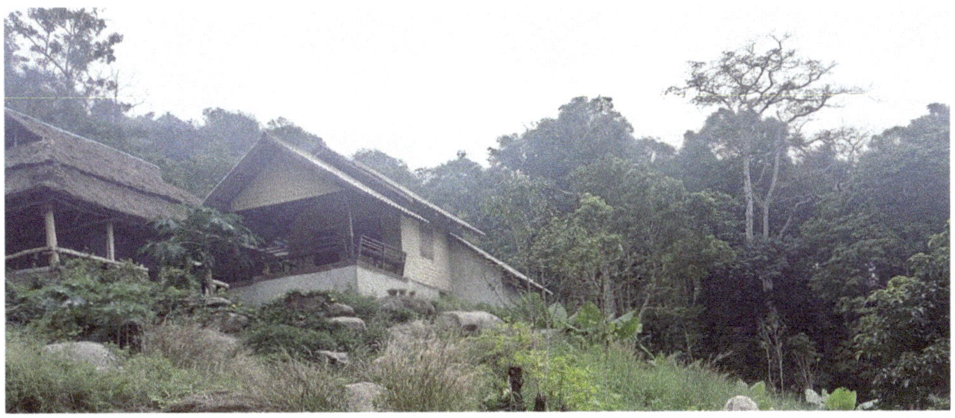

Die Moral der Geschichte: Die Bildebene ist das, was du als KünstlerIn siehst und was du in deinem Kunstwerk darstellst.

Achte nur darauf, dass du, sobald du auf einer Bildebene angekommen bist, diese nicht mehr verschiebst. Andernfalls wirfst du alle deine Proportionen und Perspektiven über den Haufen!

Wir werden den Fluchtpunkt in Kürze besprechen. Aber zuvor müssen wir einige wichtige Konzepte im Zusammenhang mit der Perspektive lernen.

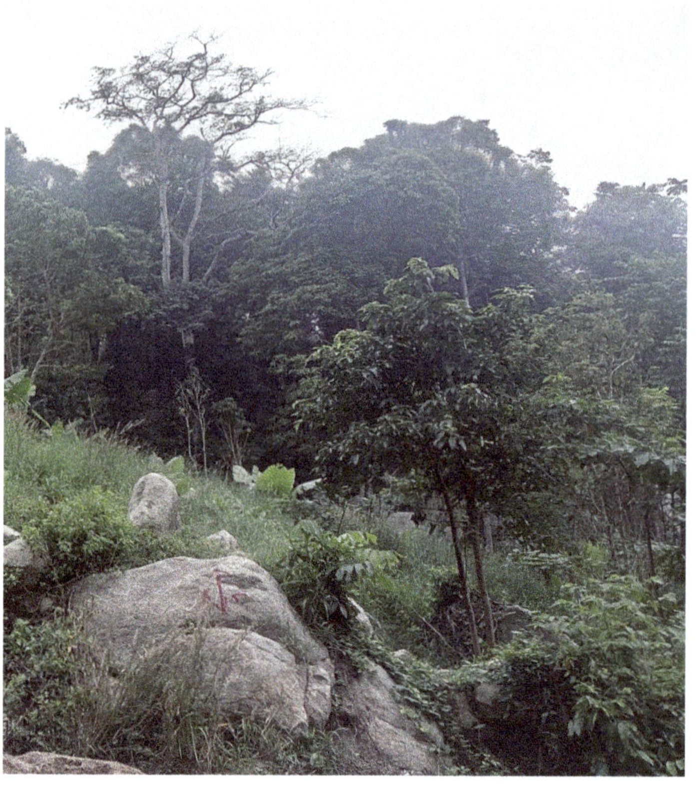

Entfernung, Größe und Klarheit (und Luftperspektive)

Wir alle wissen, dass Elemente, die uns näher sind, größer erscheinen, während die Elemente, die fern von uns sind, kleiner erscheinen.

Aber hast du beobachtet, dass die Details der Elemente, die fern von uns sind, auch verschwommen sind?

Dieses Phänomen (Luftperspektive) ist auf Umweltfaktoren zurückzuführen, wie:
- Staubpartikel
- Feuchtigkeit
- Lichtstörung
- Schadstoffe

Diese Unschärfe von Details in entfernten Elementen kann sehr wirkungsvoll genutzt werden, um die Tiefe im Bild darzustellen.

Es gibt verschiedene Methoden beim Skizzieren, um die entfernten Elemente zu verwischen. Einige von ihnen sind folgende:

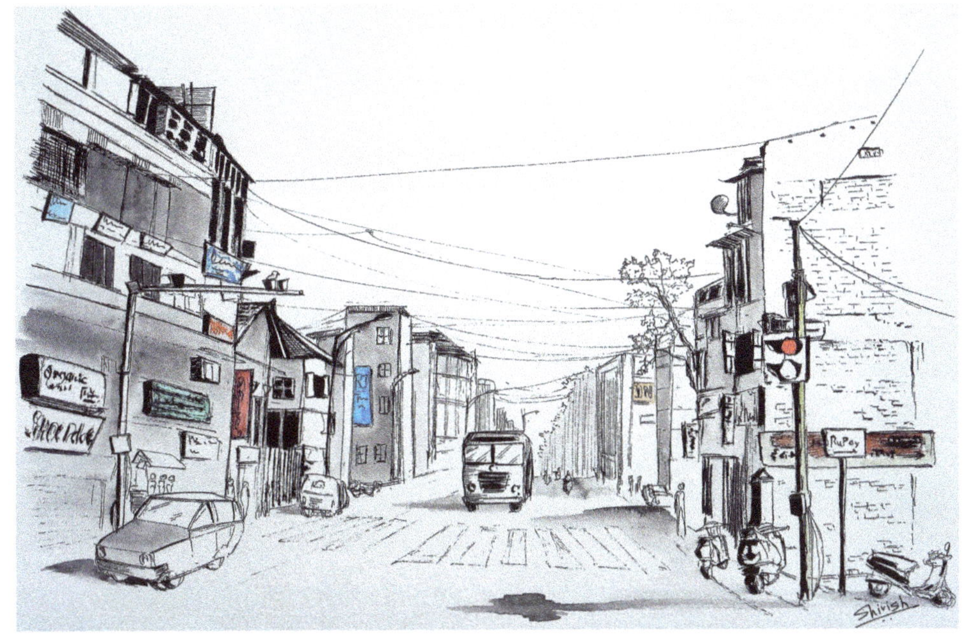

a) Verwende dicke Linien, um die näheren Elemente zu markieren. Verwende dagegen dünne Linien, Schraffurlinien, Silhouetten oder randlose Figuren für entfernte Elemente.

b) Verwende kräftige Farben für nähere Elemente und gedeckte/keine Farben für die entfernten Elemente.

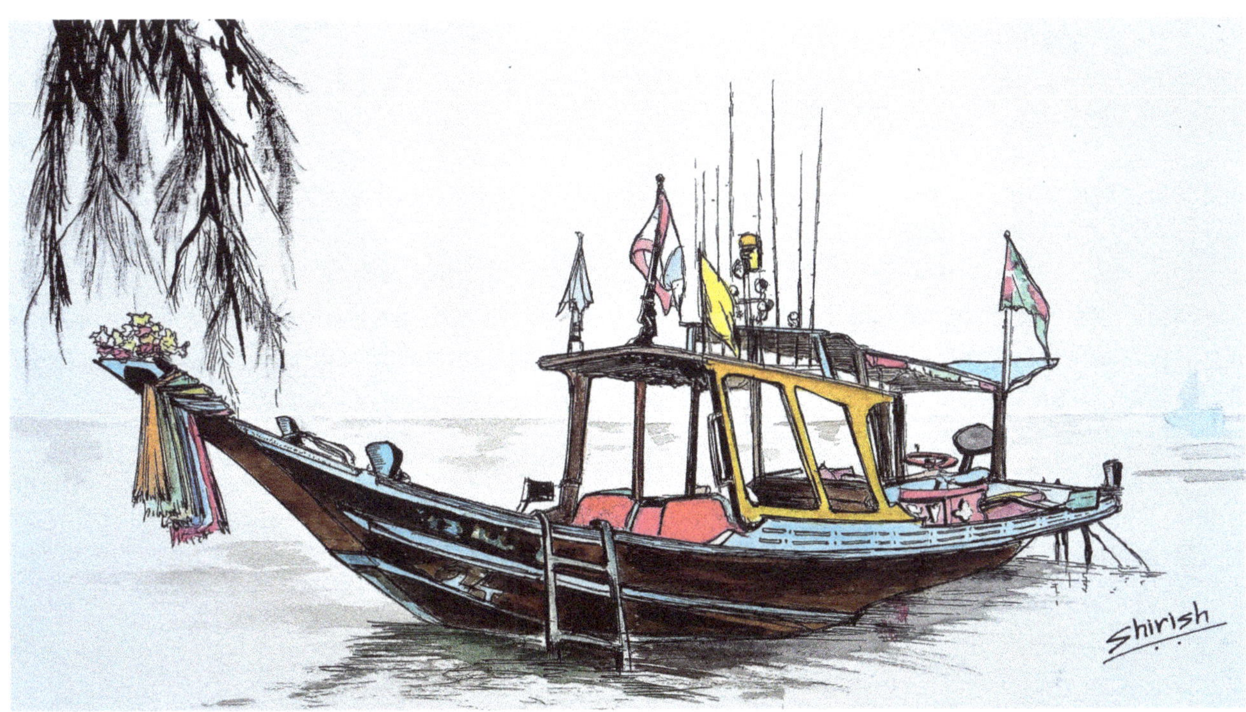

Dies sind einige der Methoden, um den Abstand bestimmter Elemente in einem Bild hervorzuheben. Abgesehen davon kannst du dir deine eigenen kreativen Methoden ausdenken, um entfernte Elemente darzustellen.

Entfernung und relativer Abstand

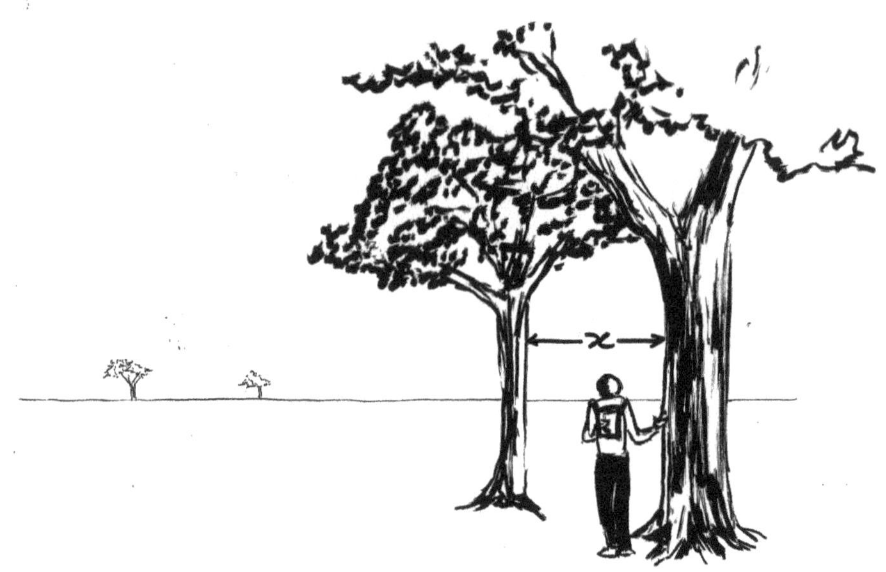

Wenn Elemente näher an der/am BetrachterIn (in diesem Fall uns) sind, kann der Abstand zwischen ihnen (fast) richtig eingeschätzt werden.

Wenn die Elemente jedoch weiter von uns entfernt sind, neigen wir dazu, den relativen Abstand zwischen ihnen falsch einzuschätzen.

Wie? Sehen wir uns ein Beispiel dazu an:

Hier ist eine Person, die sehr nah an zwei Bäumen steht. Sie kann die beiden Bäume in einem Abstand von x voneinander sehen.

Nun schau dir die beiden Bäume am Horizont an.

Erscheint der Abstand zwischen diesen beiden entfernten Bäumen nicht gleich dem Abstand zwischen den beiden nahegelegenen Bäumen?

Aber in Wirklichkeit können diese beiden Bäume am Horizont kilometerweit voneinander entfernt sein. Sie erscheinen näher beisammen, weil sie weiter von uns entfernt sind. Wenn wir uns diesen Bäumen nähern, werden wir beobachten, wie der Abstand zwischen ihnen zunimmt.

Dies ist der gleiche Grund, warum Himmelskörper für unsere Augen nur wenige Meter voneinander entfernt zu sein scheinen. Aber in Wirklichkeit können diese Sterne und Galaxien Lichtjahre voneinander entfernt sein.

Noch nicht überzeugt?

Denken wir an eine Analogie.

Angenommen, einem sehr armen, obdachlosen Menschen werden plötzlich zwei Riesen angeboten.

Geht auf's Haus. Kostenlos. Ohne Bedingungen.

Wie wird er/sie sich fühlen?

Komposition und Perspektive

Ekstatisch? Begeistert? Auf dem Gipfel der Welt? Im siebten Himmel?

Fallen dir noch mehr solcher Worte ein?

Los, lass uns sehen, wie weit du dein Deutsch dehnen kannst. Ich warte auf dich.

Keine Worte mehr? Hmm.... okay dann.

Nun lass uns die gleichen zwei Tausender einem MILLIARDÄR anbieten!

Geht auf's Haus. Kostenlos. Ohne Bedingungen.

Wird es ihn/sie interessieren? Ich weiß es nicht wirklich, da ich (noch!) kein Milliardär bin. Meine wilde Vermutung ist jedoch ein klares „Nein". Nicht wirklich.

Warum?

Weil es nicht wichtig ist, wie viel du jemandem anbietest. Es ist wichtiger, was diese Person bereits hat! Was er/sie hat, entscheidet über die Größe dessen, was er/sie aus der Perspektive dieser Person erhält.

Alles ist relativ, und die Perspektive auch!

Perspektivische Verkürzung

Es gibt ein Sprichwort in der Vertriebs- und Marketingbranche:

Menschen haben zwei Gründe, wenn sie Nein zu einem Verkauf sagen... einen Grund, der real ist, und einen Grund, der gut klingt!

Ebenso, wenn man ein Element betrachtet, gibt es zwei Formen zu diesem Element... eine Form, die real ist, und eine Form, die perspektivisch verkürzt ist.

Was zum Teufel bedeutet perspektivisch verkürzt?

Wenn wir uns ein Objekt ansehen, kann die Form des Objekts etwas verzerrt erscheinen. Der Grad der Verzerrung hängt von dem Winkel ab, in dem wir dieses Objekt betrachten.

Nur in einem bestimmten Winkel können wir das Objekt wirklich so sehen, wie es ist, während es in bestimmten anderen Winkeln stark verzerrt ist. Betrachte die Abbildung einer Hand auf der linken Seite in verschiedenen Positionen. Die innerhalb eines Kreises markierte Handposition ist die einzige, bei der die Hand für uns so aussieht, wie sie tatsächlich ist.

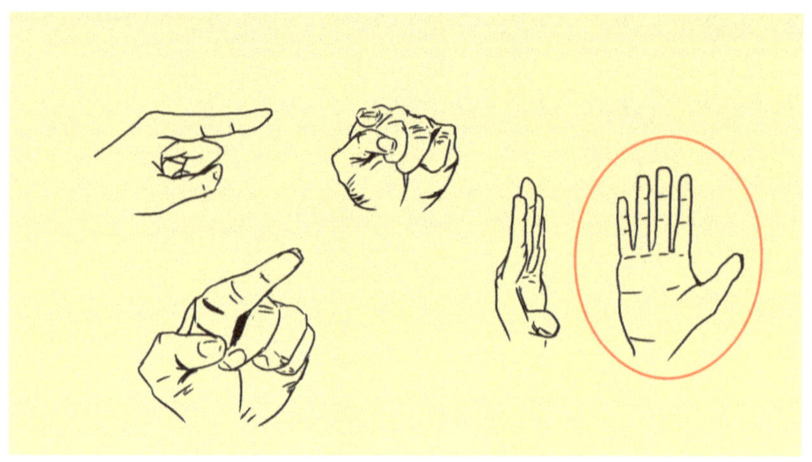

Nachfolgend findest du einige Beispiele für Gegenstände des täglichen Gebrauchs, die perspektivisch verkürzt erscheinen.

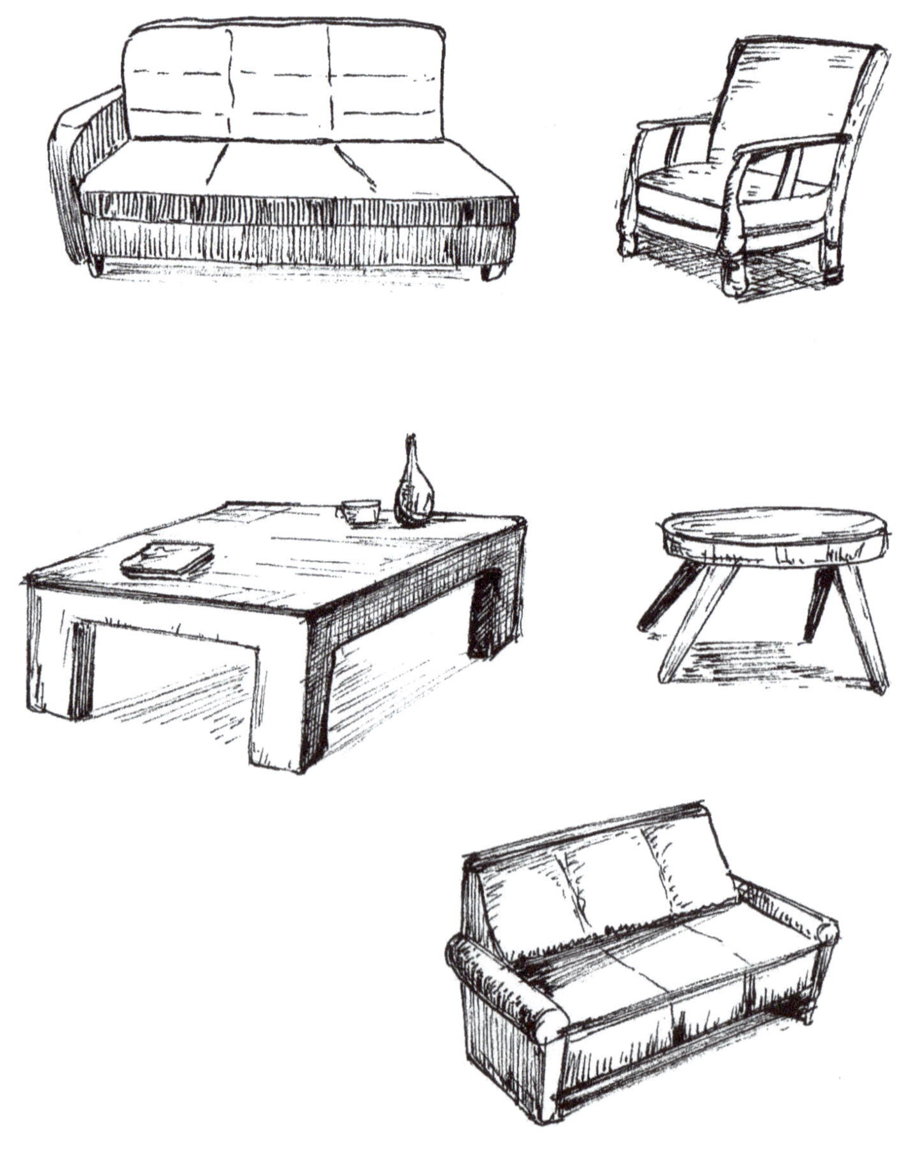

    Komposition und Perspektive

Fluchtpunkt

Wie versprochen, sind wir nun (endlich) am Fluchtpunkt angelangt.

Ein Fluchtpunkt ist ein Punkt, an dem sich eine Reihe paralleler Linien zu treffen scheint.

Beachte, dass diese Linien parallel sind und sich nie wirklich treffen. Aber in unserer Wahrnehmung scheinen sie sich irgendwann anzunähern.

Warum?

Mit zunehmendem Abstand zwischen diesen Linien und uns scheint es uns so, als ob der Abstand zwischen ihnen immer kleiner wird. Und irgendwann sieht es so aus, als würden sie sich treffen.

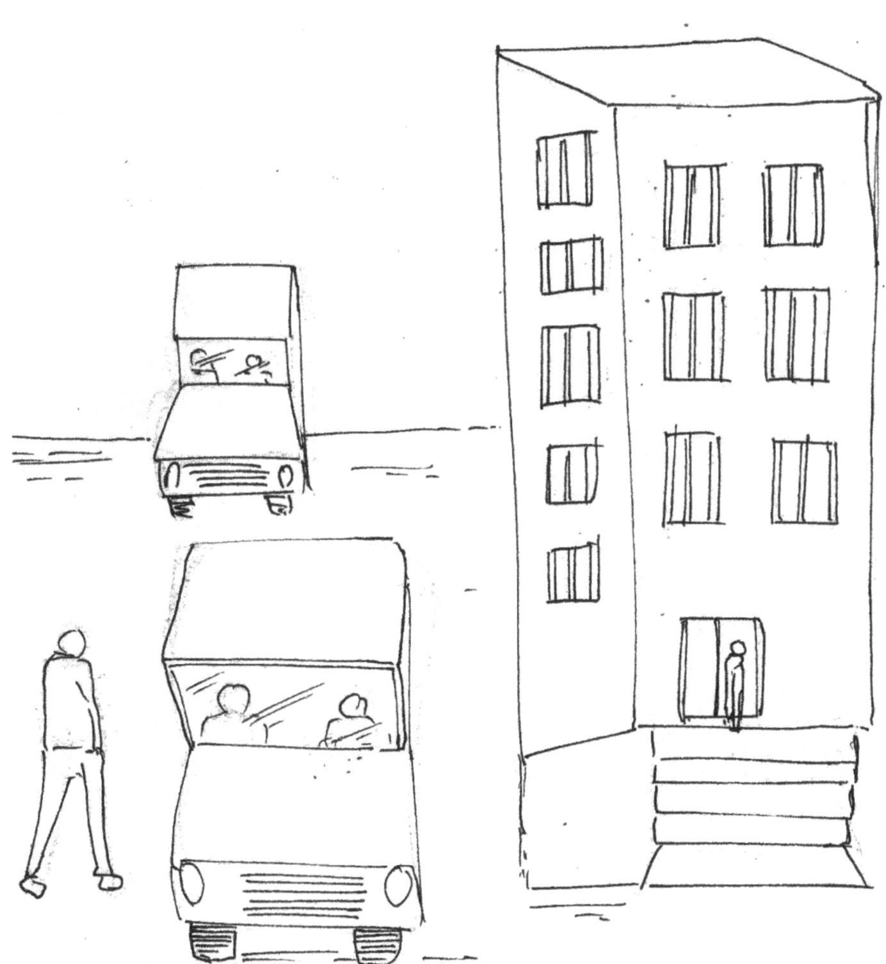

Na und? Wie wirkt sich das auf deine Skizzen aus?

Sehen wir uns ein Beispiel für eine Skizze an, bei der die Perspektive schiefgelaufen ist. Dies ist ein etwas extremer Fall der falschen Perspektive. Aber ich habe diese ausgewählt, um einen wichtigen Punkt hervorzuheben.

Diese falsche Perspektive ist das Ergebnis einer falschen Berechnung des Fluchtpunktes.

TEIL 3 - ZEICHNEN VON PERSPEKTIVISCHEN SKIZZEN

In diesem Abschnitt werden wir lernen, perspektivische Skizzen mit Ein-, Zwei-, Drei- und Fünf-Punkte-Perspektive zu zeichnen.

Bonus: Möchtest du sehen, wie das Bild auf der vorherigen Seite skizziert wurde? Dann besuche https://youtu.be/tb755dLU9c0 (oder verwende den unten angegebenen QR-Code), um das komplette Video über die Erstellung dieser Skizze anzusehen. Und vergiss nicht, den Kanal zu abonnieren!

**Old Building
(Altes Gebäude)
(Stift, Tinten, Aquarelle)**

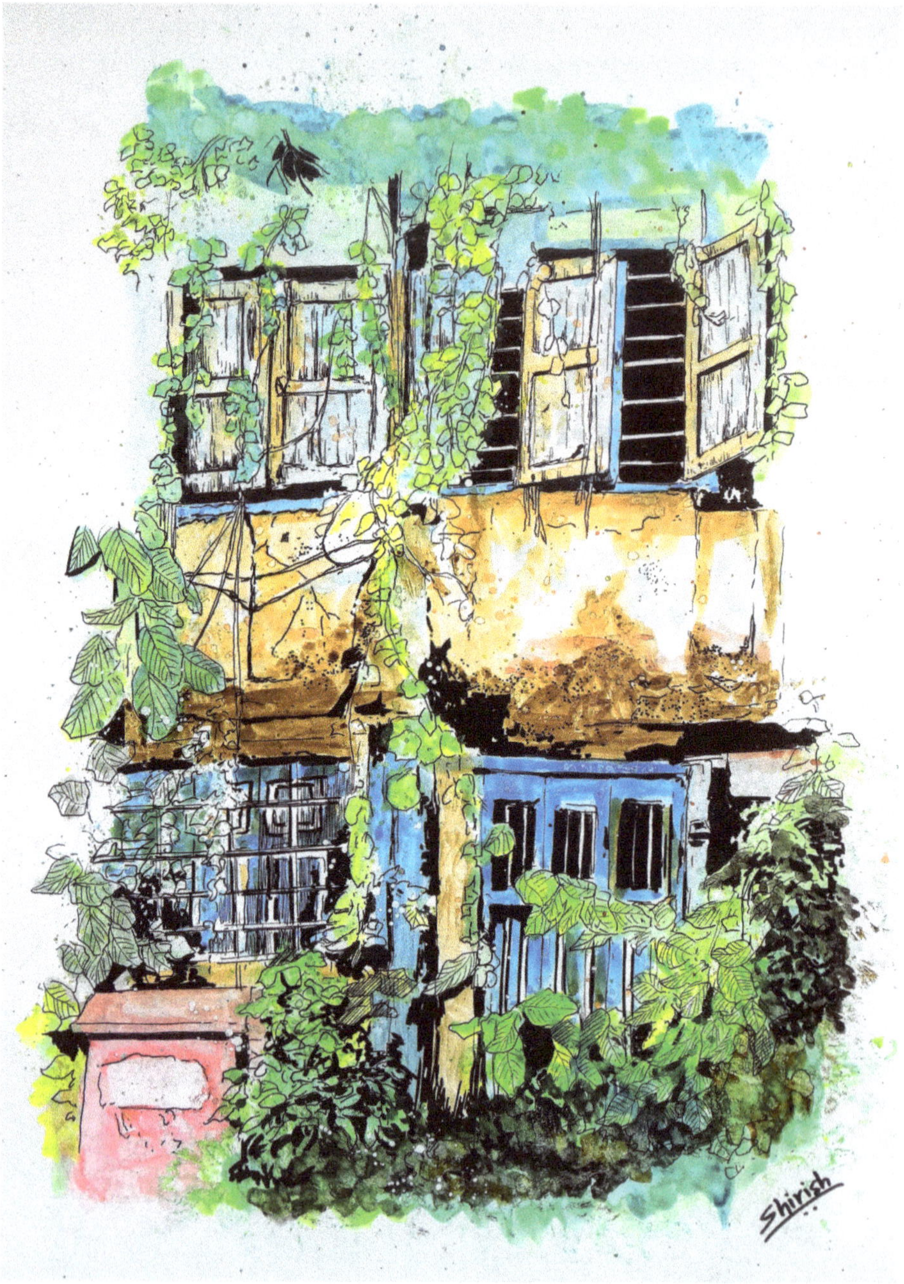

Ein-Punkt-Perspektive

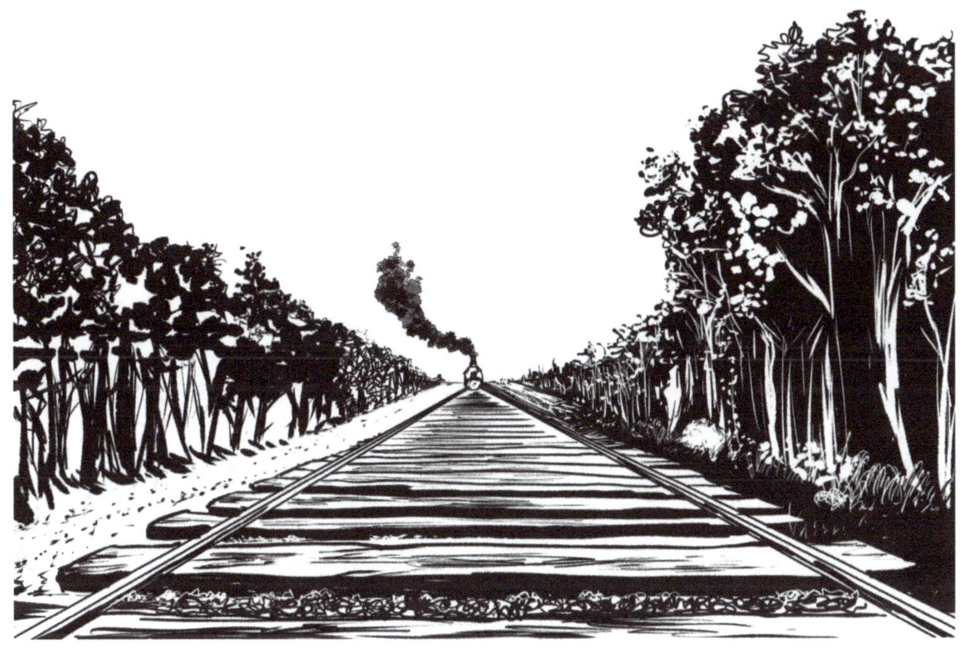

W ie der Name schon sagt, gibt es in diesen Bildern nur einen Fluchtpunkt.

Alle Linien, die sich von der/vom BetrachterIn entfernen, laufen zu diesem einen Fluchtpunkt zusammen.

Wir sehen diese Art von Perspektive jeden Tag um uns herum. Die meisten Fotos von Personen und Fotos, die von vorne aufgenommen wurden, befinden sich in der Ein-Punkt-Perspektive.

Bonus: Möchtest du sehen, wie dieses Bild skizziert wurde? Dann besuche https://tinyurl.com/y9jjunh6 (oder verwende den unten angegebenen QR-Code), um das komplette Video über die Erstellung dieser Skizze anzusehen. Und vergiss nicht, den Kanal zu abonnieren!

**Old door
(Alte Tür)
(Stift, Tinten, Aquarelle)**

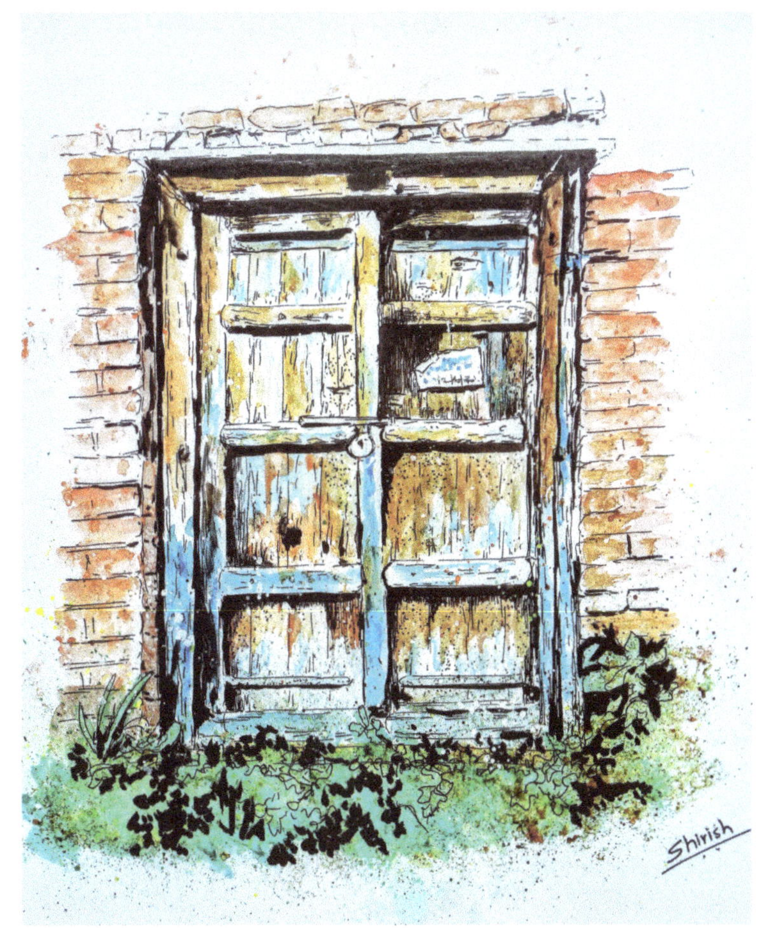

Beachte beim Zeichnen einer Szene mit Ein-Punkt-Perspektive die folgenden wichtigen Richtlinien:

1. Der Fluchtpunkt befindet sich immer auf der Horizontlinie. Keine Ausnahmen!
Hinweis: In fast allen offensichtlichen Beispielen, die zur Darstellung der Ein-Punkt-Perspektive verwendet werden, wird der Fluchtpunkt in der Mitte dargestellt. Dies geschieht zum besseren Verständnis.

Im wirklichen Leben kann der Fluchtpunkt jedoch überall sein. Über der Horizontlinie. Innerhalb oder außerhalb der Bildebene.

Sieh dir das Bild unten an, um zu verstehen, was ich meine.

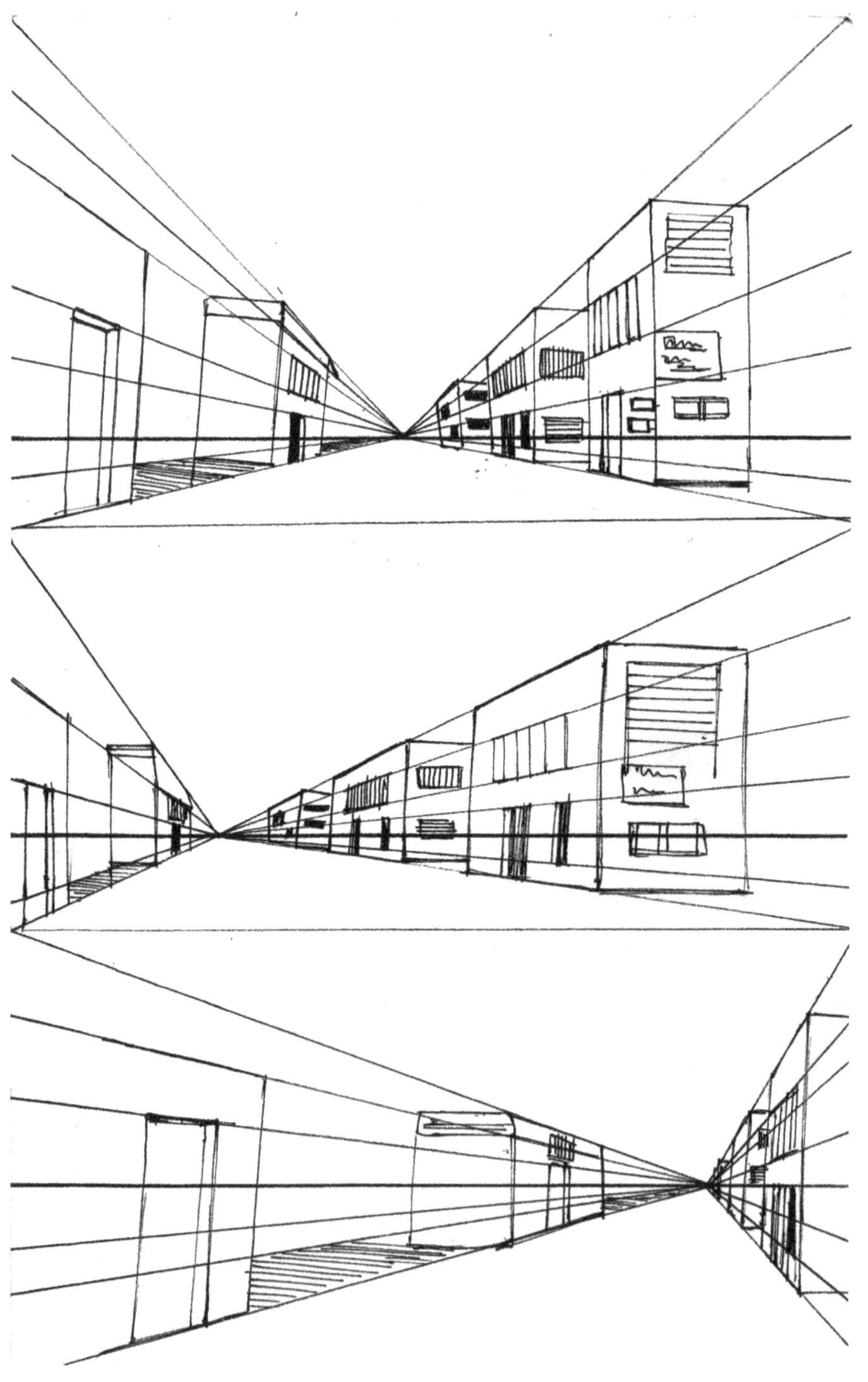

Komposition und Perspektive

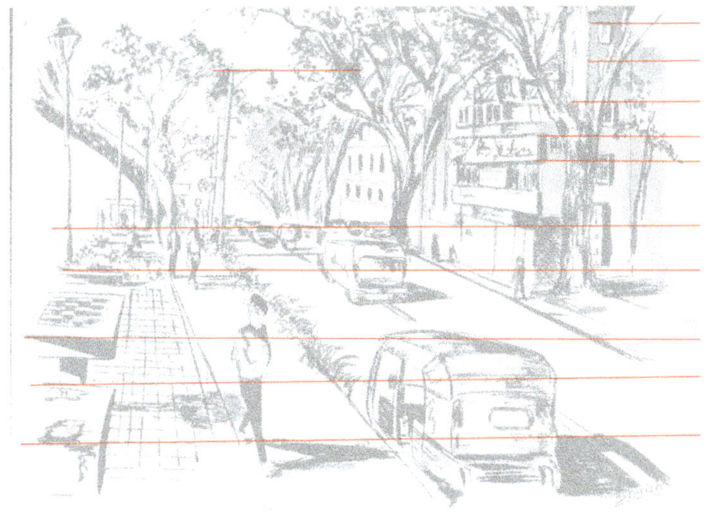

2. Alle horizontalen Linien verlaufen parallel zum Horizont.

3. Alle vertikalen Linien stehen senkrecht zum Horizont.

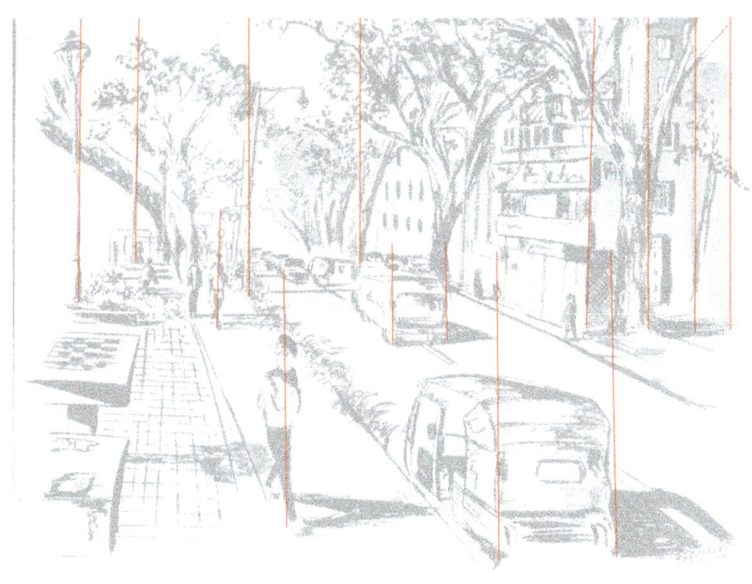

4. Die Linien, die von der/vom BetrachterIn zum Fluchtpunkt führen, laufen zum Fluchtpunkt hin zusammen.

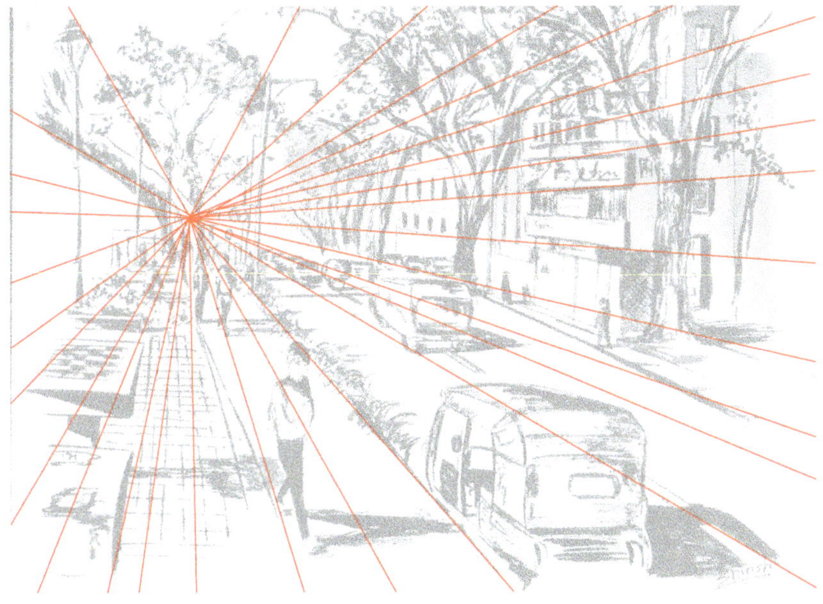

5. Wenn sich die aufeinanderfolgenden horizontalen und vertikalen Linien in Richtung des Fluchtpunktes bewegen, scheint sich der Abstand zwischen den aufeinanderfolgenden Linien zu verringern. Dies ist auf die Eigenschaft der „relativen Entfernung" zurückzuführen, die wir zuvor kennengelernt haben.

Im auf der rechten Seite Bild siehst du, wie sich der Abstand zwischen den aufeinanderfolgenden Lichtmasten zu verringern scheint, wenn sie weiter von uns entfernt platziert werden.

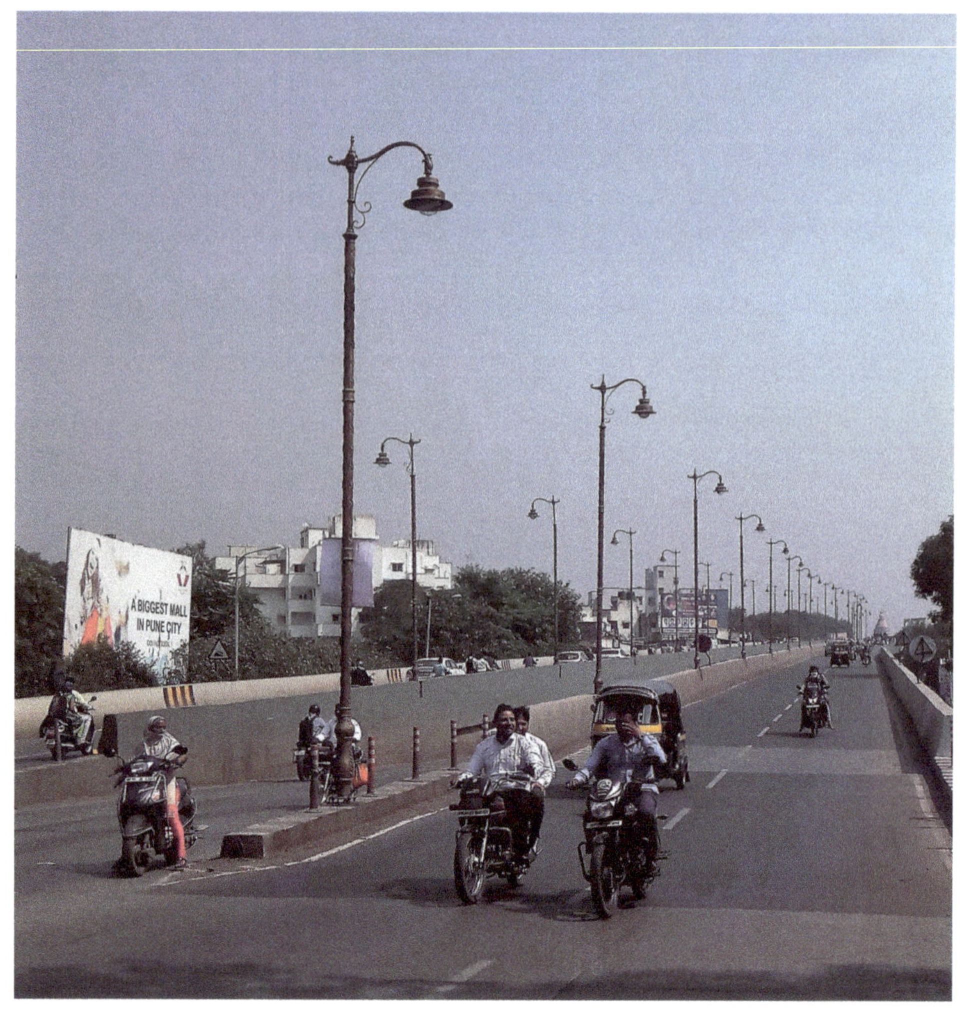

Unter Berücksichtigung der oben genannten Richtlinien können wir eine schnelle Skizze in der Ein-Punkt-Perspektive erstellen.

Wir beginnen mit dem Beispielfoto auf der nächsten Seite. Dies ist eines dieser idealen Fotos, um die Ein-Punkt-Perspektive zu studieren, weil:

a) Die Linien sind alle gerade.
b) Das Bild enthält alles künstliche Objekte. Diese künstlichen Objekte haben gerade Linien und keine zufälligen Formen, wie Laub.

Komposition und Perspektive

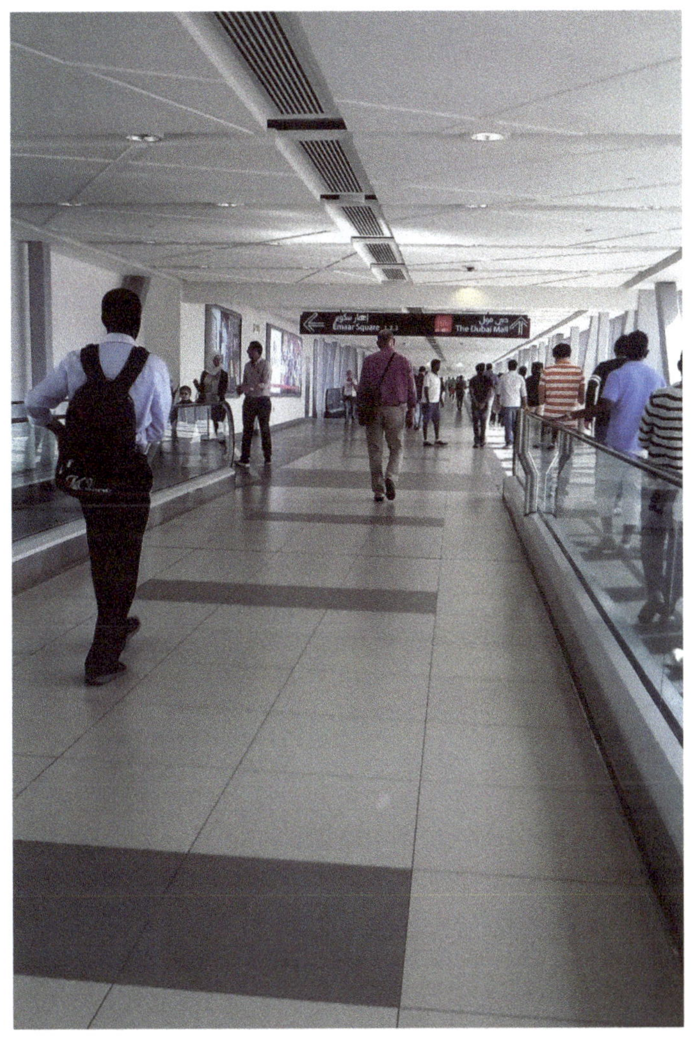

Diese Art von Fotos ist ideal, um mit der Ein-Punkt-Perspektive zu beginnen.

Wenn ich eine Live-Skizze/eine Vor-Ort-Skizze mache, versuche ich immer, einen schönen, bequemen Platz zu finden. Ich sollte an dieser Stelle stehen/sitzen können, ohne mich zu bewegen, bis ich mit der Skizze fertig bin.

Dieser Punkt wird als „der Bahnhofspunkt" bezeichnet.

Selbst wenn du die Hälfte der Skizze im Stehen und die Hälfte im Sitzen machst, wird deine Perspektive schief gehen. Wenn du deinen Ausgangspunkt änderst, ändern sich deine Bildebene und dein Horizont.

Sobald du also deine Bildebene und deinen Horizont identifiziert hast, bleib dabei.

Wenn ich mich während einer Skizze von meinem Ausgangspunkt entfernen muss, nehme ich ein Foto des Objekts auf. Dies hilft mir, die ursprüngliche Perspektive, aus der ich begonnen habe, zu bewahren.

Da wir hier von einem Foto zeichnen, wird unser Ausgangspunkt immer fixiert sein. Das ist also eine Sache weniger, um die man sich Sorgen machen muss!

Zuerst werden wir die Horizontlinie identifizieren. Die Horizontlinie kann je nach deiner Position variieren.

Wie finden wir die Horizontlinie in einer so überfüllten Szene, da der eigentliche Horizont hier nicht sichtbar ist?

Dazu nutzen wir unsere Augenhöhe.

Wenn ich eine Person sehe, die ungefähr die gleiche Größe wie ich hat, sehe ich die Oberseite ihres Kopfes an der Horizontlinie.

Aber während ich dieses Foto aufnahm, befand sich die Kamera auf Brusthöhe. Wenn ich die Kamera auf Augenhöhe gehalten hätte, würde ich alle Köpfe den Horizont berühren sehen.

Der Horizont liegt also auf Brusthöhe der meisten Menschen auf diesem Foto.

Nun, da wir unseren Horizont identifiziert haben, finden wir den Fluchtpunkt.

Wenn der Fluchtpunkt festgelegt ist, beginnen wir, die konvergierenden Linien zu zeichnen. Diese Linien sollten vom Fluchtpunkt bis zu den Ecken der Seite gezogen werden.

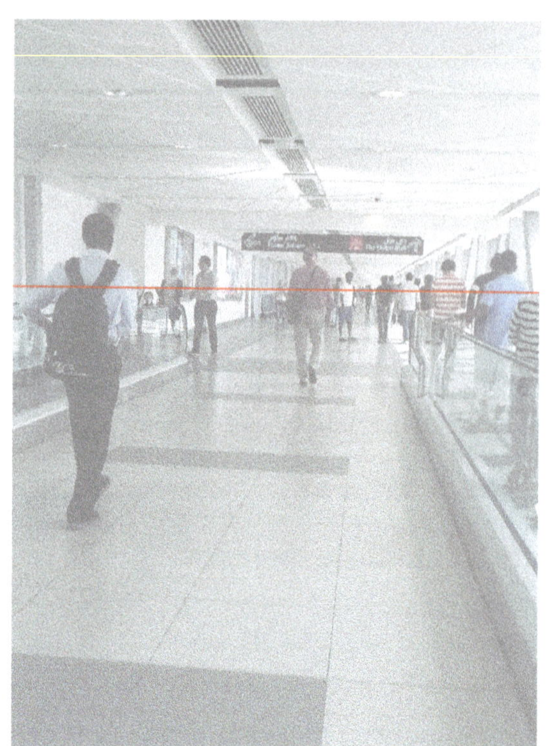

Da dieses Foto bereits viele konvergierende Linien hat, macht das unsere Aufgabe sehr einfach.

Beginne mit den obersten Zeilen. Diese Linien sollten sich vom Fluchtpunkt bis zu den oberen Ecken des Rahmens erstrecken.

Zeichne dann ähnliche Linien, die sich vom Fluchtpunkt bis zu den unteren Ecken des Rahmens erstrecken.

Halte diese Linien extrem dünn. Sie sind für unsere Referenz gedacht, nicht für die/den BetrachterIn.

Beginne nun mit dem Zeichnen zwischen konvergierenden Linien und den bereits gezeichneten extremen Linien.

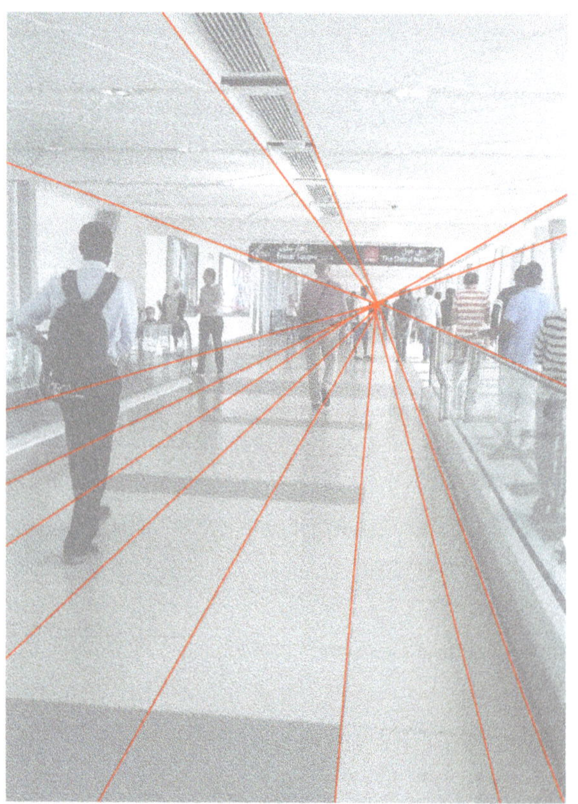

Wie viele konvergierende Linien solltest du zeichnen? Das hängt ganz von deinem Bauchgefühl ab. Ich schlage vor, zunächst 8-10 Linien zu zeichnen und dann später nach Bedarf weitere hinzuzufügen.

Zeichne nun horizontale Linien. Wenn wir uns dem Fluchtpunkt nähern, sollte sich der Abstand zwischen den aufeinanderfolgenden Linien weiter verringern.

Gibt es eine mathematische Formel zur Berechnung dieser Entfernungsreduzierung?

Ja, die gibt es.

Werden wir diese Formel in diesem Buch diskutieren?

Auf keinen Fall!

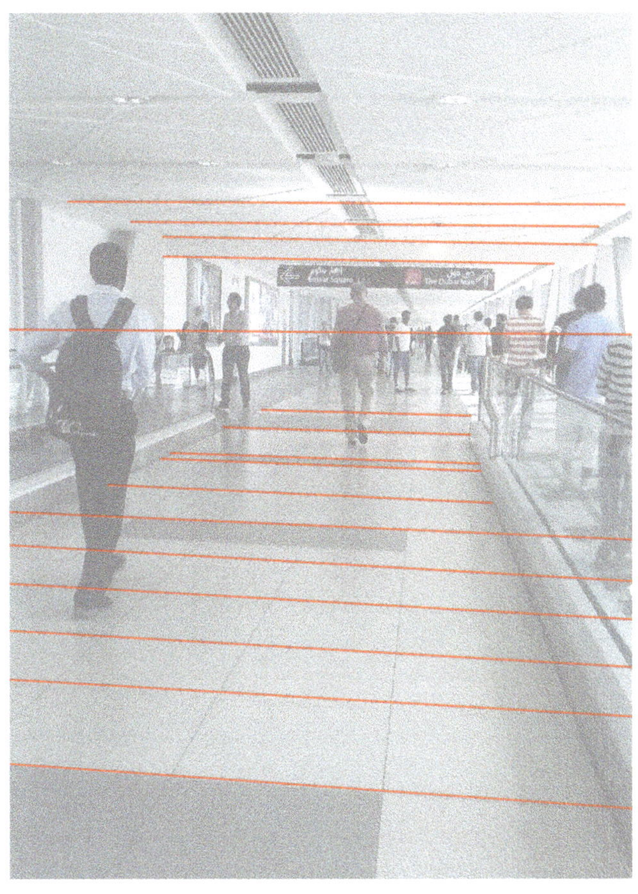

Wie ich bereits erwähnt habe, handelt es sich hierbei nicht um ein Buch mit architektonischer Perspektive. Wir gehen hier rein nach unserem Bauchgefühl.

Wie bei konvergierenden Linien hängt die Anzahl der horizontalen Linien von deinem Bauchgefühl ab. Wir können jederzeit nach Bedarf Linien hinzufügen/entfernen, sobald wir mit dem Zeichnen beginnen.

Zeichne nun vertikale Linien. Verringere den Abstand zwischen den aufeinanderfolgenden vertikalen Linien, während wir uns zum Fluchtpunkt bewegen.

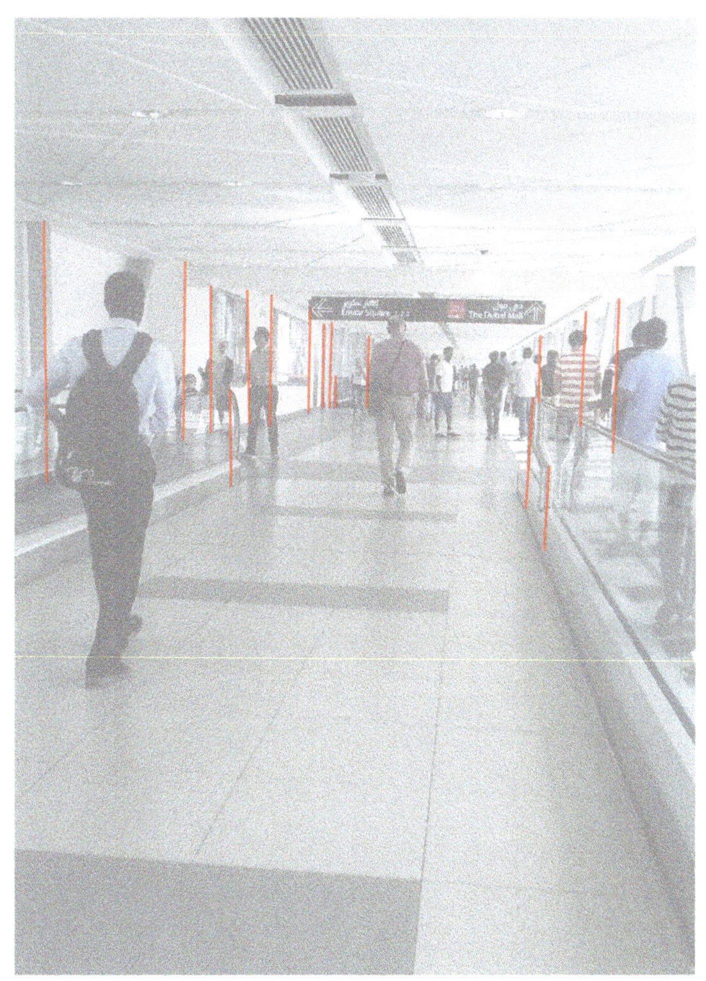

Nun ist unser Rahmen für die Erstellung einer Ein-Punkt-Perspektiven-Skizze fertig. Machen wir weiter und verwandeln wir das Ganze in eine Skizze.

Halte dich so nah wie möglich an die perspektivischen Linien, aber sei trotzdem nicht zu heikel. Wir machen hier keine Architekturzeichnung.

Auf der rechten Seite ist die Skizze, die mit den perspektivischen Linien wie oben gezeigt gemacht wurde.

Unter siehst du die gleiche Skizze zusammen mit den perspektivischen Linien. Dies macht es leichter verständlich. Sieh dir an, wie die verschiedenen Elemente an den perspektivischen Linien ausgerichtet sind.

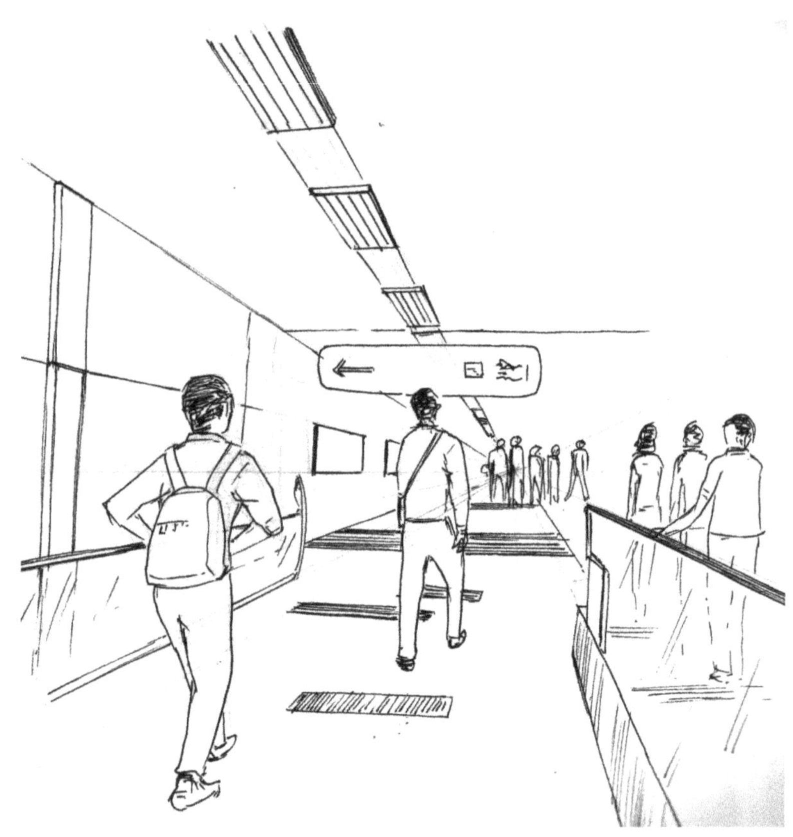

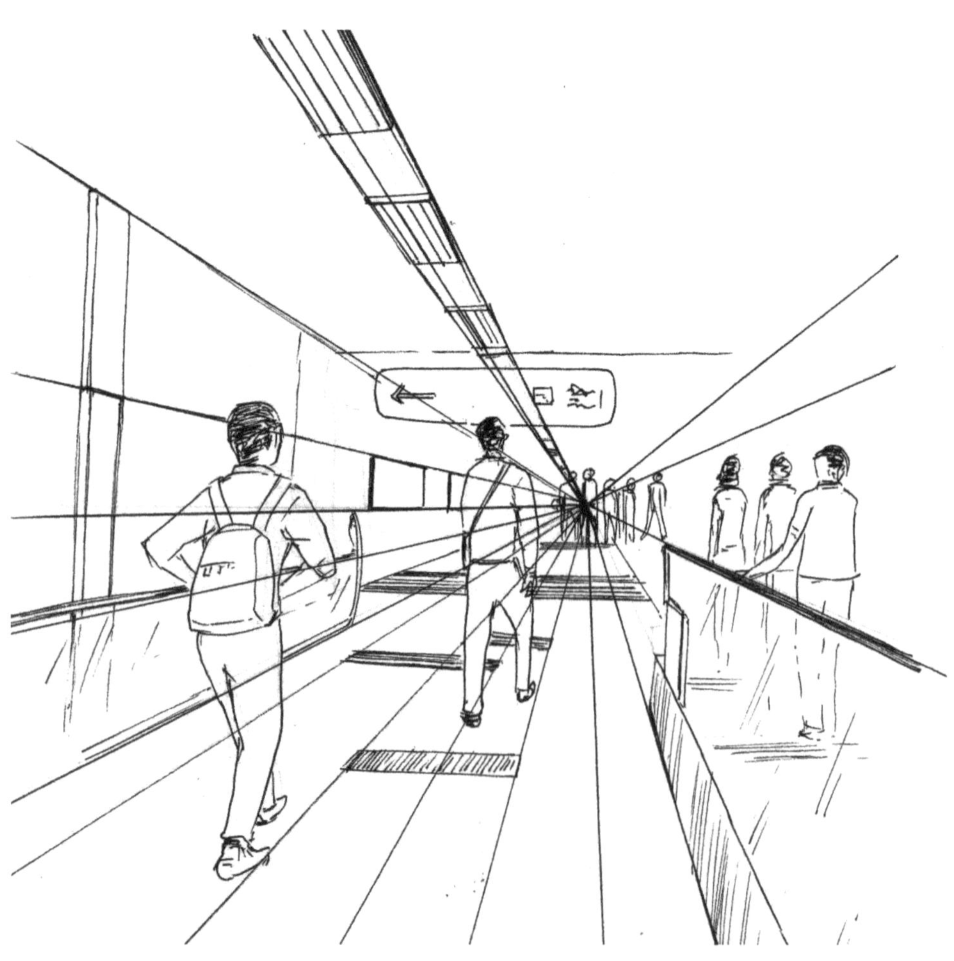

Komposition und Perspektive

Ein-Punkt-Perspektive - Kurven und Herausforderungen

Bislang haben wir einige der ziemlich einfachen Beispiele für die Ein-Punkt-Perspektive diskutiert.

Aber im wirklichen Leben wird man selten auf so einfache Situationen stoßen.

Wir werden also zwei Situationen behandeln, in denen die Ein-Punkt-Perspektive ein wenig knifflig ist.

Im folgenden Beispiel krümmt sich der Bereich in der Nähe des Fluchtpunktes plötzlich, anstatt sich auf gerade Fluchtlinien zu beschränken.

Wie gehen wir mit dieser Situation um?

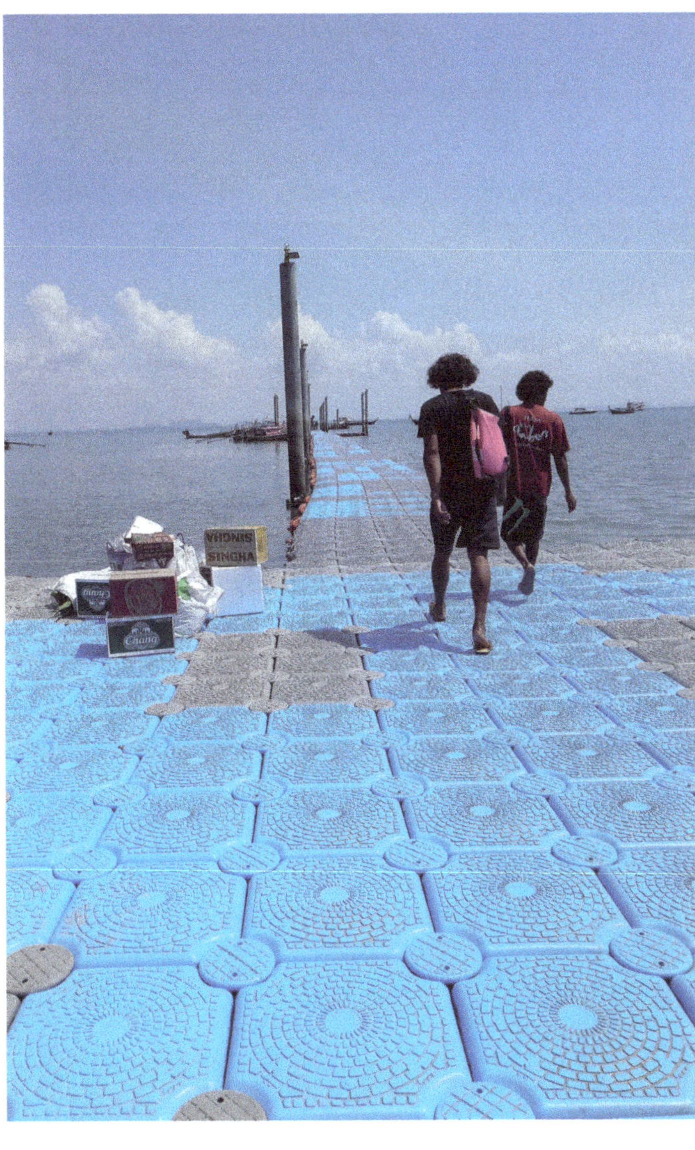

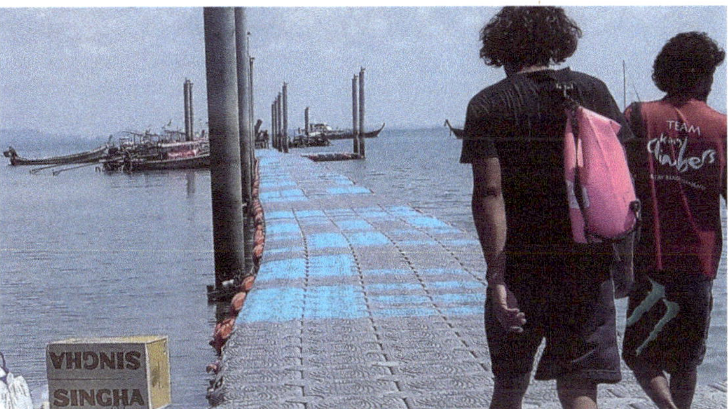

Erstens gehen wir davon aus, dass alles in einer geraden Linie ist, und zeichnen konvergierende Linien und den Horizont. Sieh dir das Bild unten an, um zu verstehen, was ich meine.

Eine horizontale Linie trennt das Bild in zwei Teile.

Unterhalb dieser horizontalen Linie sind alle Linien gerade. Über dieser Linie verläuft der Pfad.

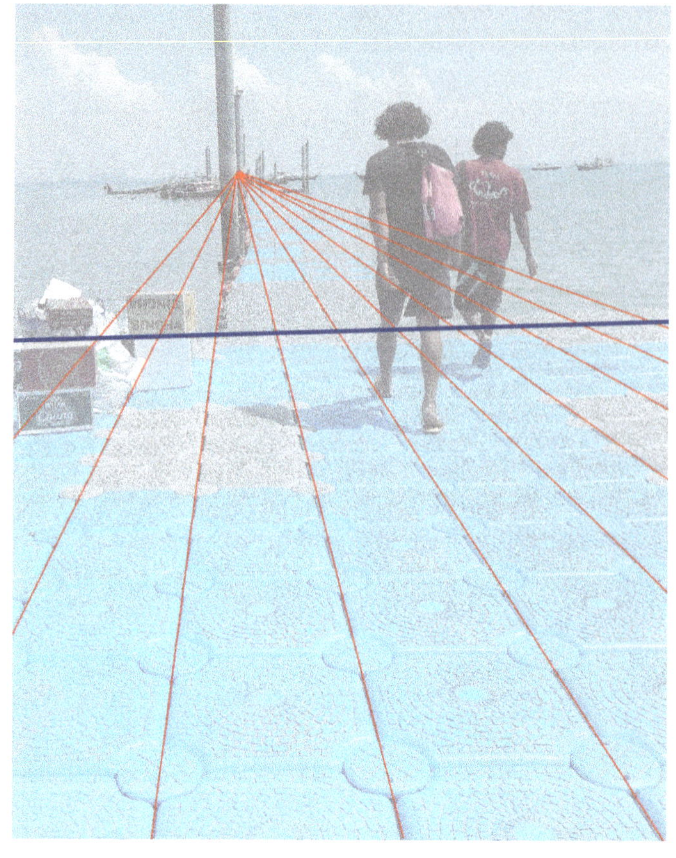

Wir können den Teil unter dieser horizontalen Linie wie ein „normales" Ein-Punkt-Perspektivbild behandeln und die Kacheln zeichnen.

Für das Bild über der horizontalen Linie verwenden wir den gleichen Fluchtpunkt, zeichnen aber gekrümmte perspektivische Linien, wie unten gezeigt.

Beachte, dass diese gekrümmten Linien letztendlich mit den geraden Linien verschmelzen.

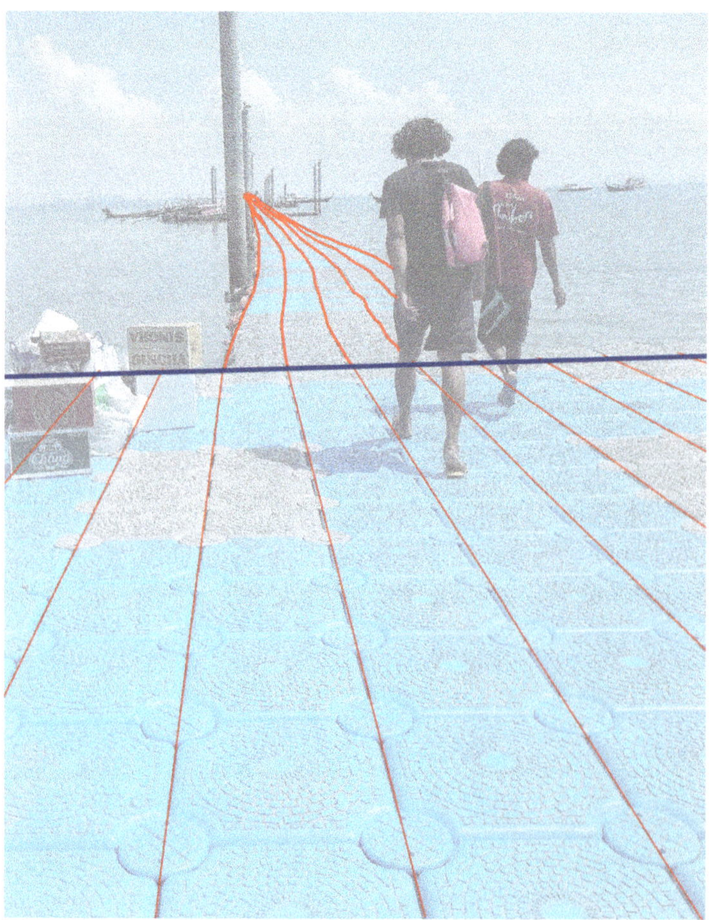

   Komposition und Perspektive

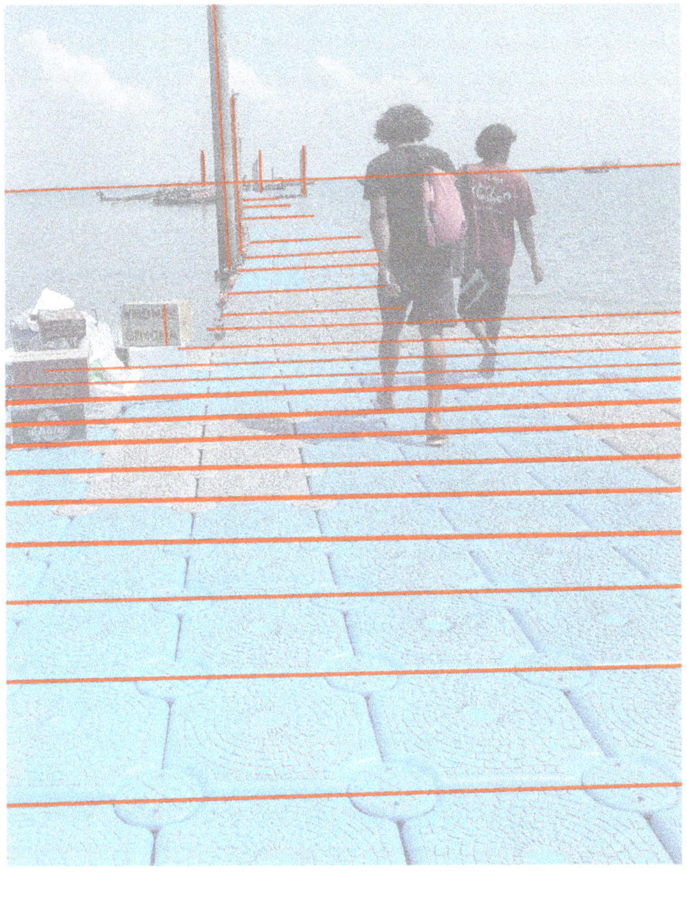

Die horizontalen und vertikalen Linien werden davon völlig unberührt bleiben. Siehe das Foto unten:

Im folgenden Beispiel gibt es Bereiche mit dickem Blattwerk, das den Rhythmus der geraden Linien bricht. Das Gebäude auf der linken Seite steht ebenfalls in einem seltsamen Winkel.

Die obigen Drähte sind ebenfalls nicht entsprechend den perspektivischen Linien ausgerichtet.

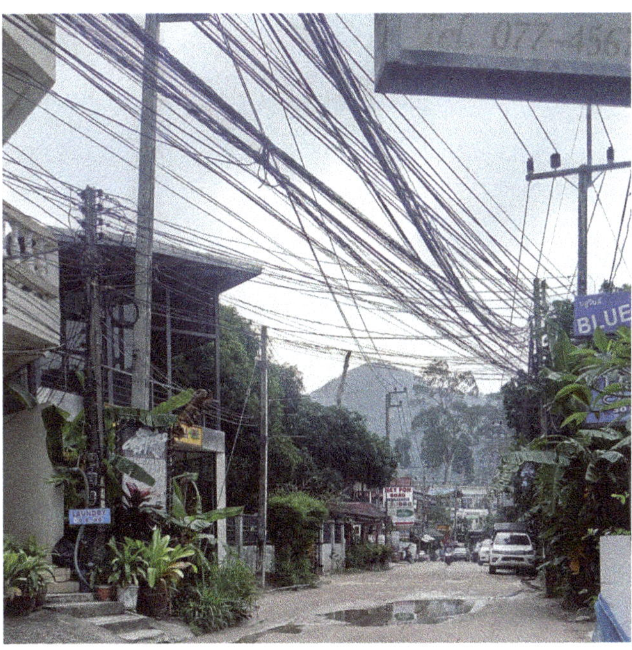

In der Bild links sehen Sie, wie der Fluchtpunkt und die perspektivischen Linien platziert werden.

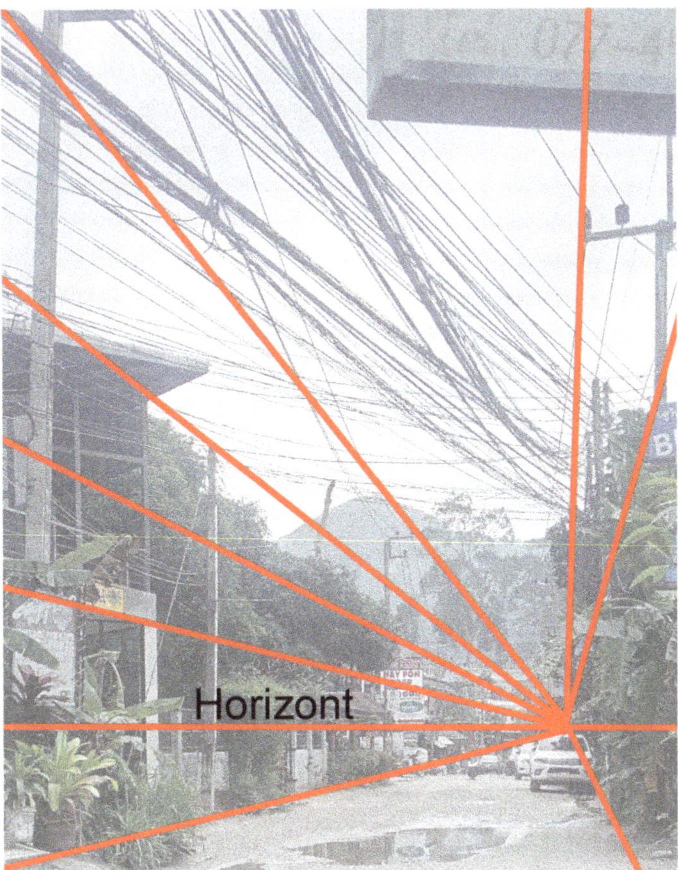

Der beste Weg, das Blattwerk anzugehen, ist
wie folgt:

a) Zeichne die künstlichen Formen wie Masten
und Häuser in Übereinstimmung mit den
perspektivischen Linien. Halte weißen Platz für
das Laub, wo es sich überlappt.
b) Blockiere die groben Formen für Bäume
und Sträucher genau so, wie du sie siehst.
Mach dir keine Sorgen, mit den
perspektivischen Linien übereinzustimmen.

Im auf der rechten Seite Bild sind die
Blattflächen mit den diagonalen Linien markiert.

Zuerst zeichne die künstlichen Formen fertig.
Detailliere dann die Bäume und Sträucher
entsprechend ihren zuvor markierten Formen.

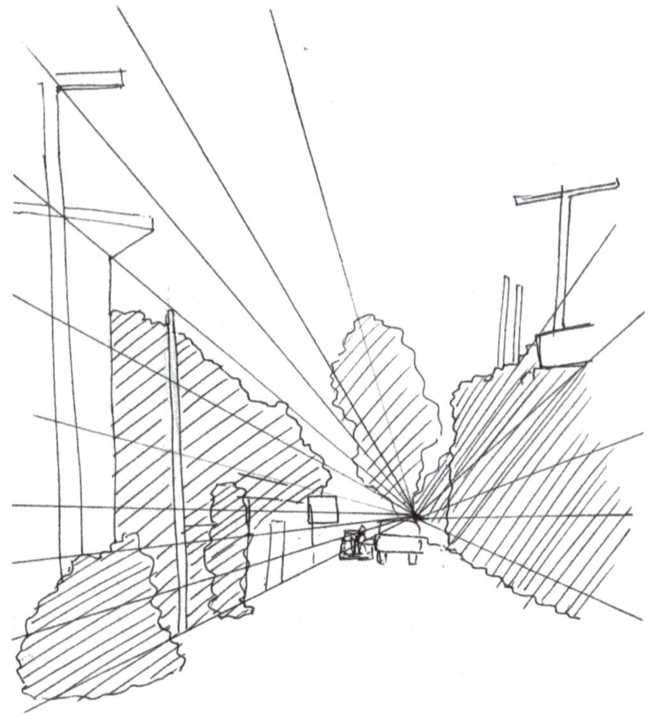

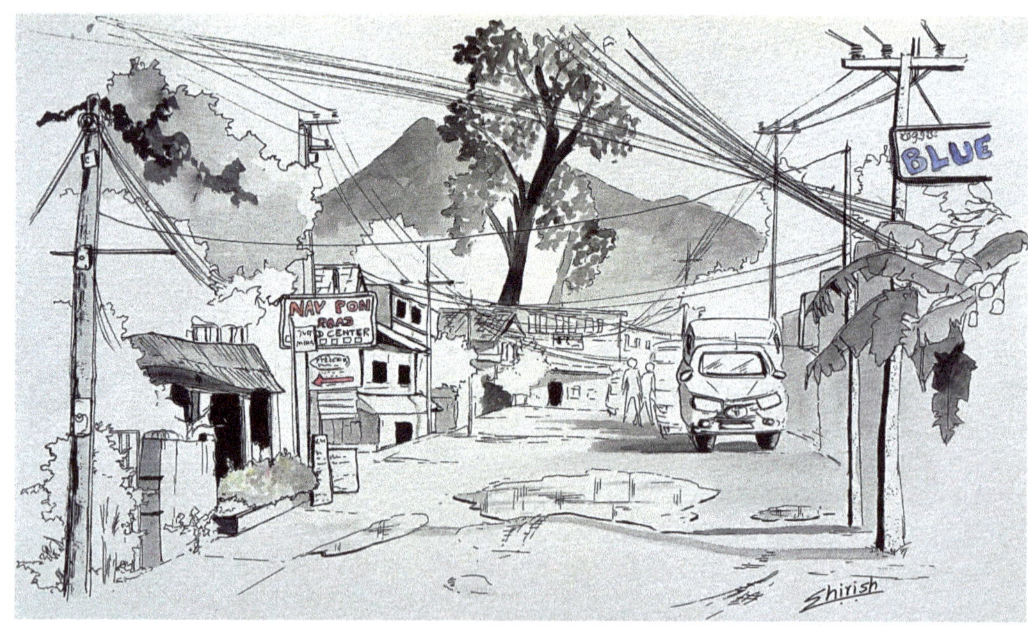

Du wirst feststellen, dass die oben gezeigte endgültige Skizze nicht genau mit den perspektivischen
Linien übereinstimmt. Aber solange die Skizze ausreichend genau ist, ist alles gut.

Denke daran, dass das Gefühl und die Ästhetik die die Skizze vermittelt am wichtigsten sind. Sie
sollten immer Vorrang vor der Punktgenauigkeit haben. Die richtige Perspektive zu finden, ist ein
Mittel zum Zweck, nicht das Ziel selbst.

Es sei denn, du machst eine Architekturzeichnung!

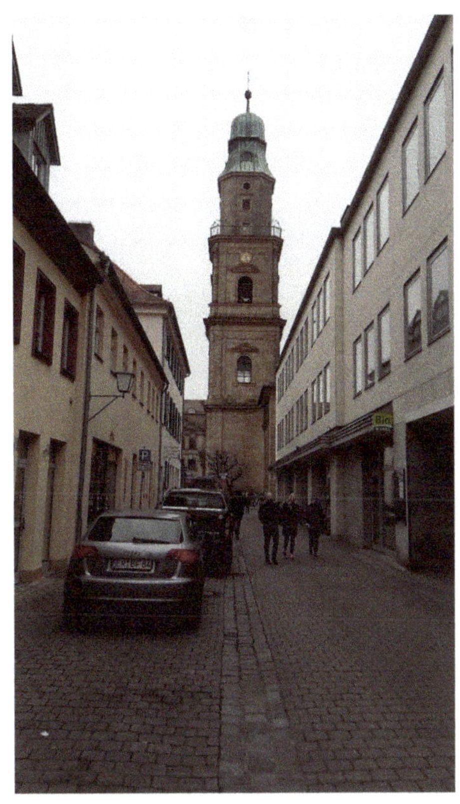

Hier siehst du ein Bild, in dem der Fluchtpunkt nicht so offensichtlich ist.

Der Fluchtpunkt befindet sich hinter dem hohen Turm in der Mitte des Bildes.

Wie bin ich darauf aufmerksam geworden?

Ganz einfach. Ich habe gerade perspektivische Linien gezeichnet, die mit den Objekten links und rechts übereinstimmen. Wo glaubst du, sind sie zusammengekommen?

Ja, du hast es richtig erraten.... der Fluchtpunkt!

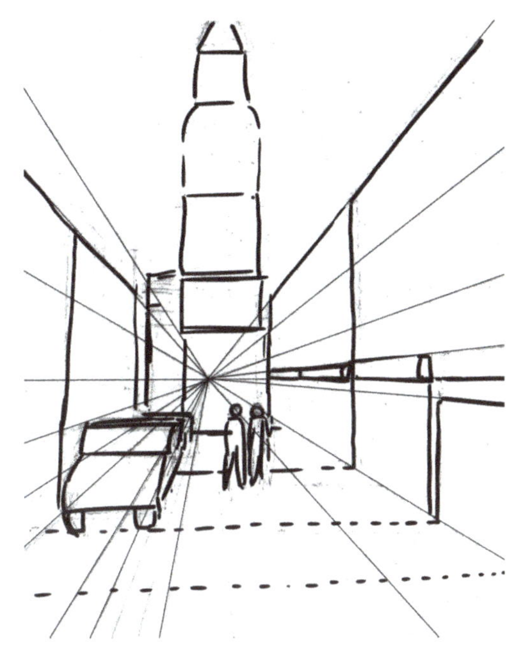

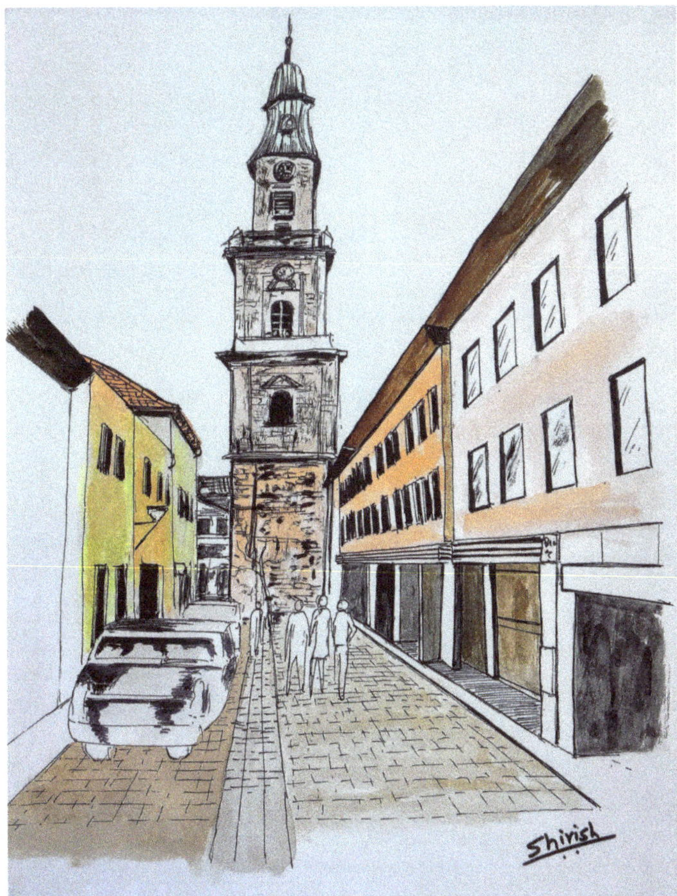

Wir haben den Fluchtpunkt, den Horizont und die konvergierenden perspektivischen Linien im Griff. Es geht nur darum, innerhalb dieser Linien zu zeichnen.

Bonus: Möchtest du sehen, wie dieses Bild skizziert wurde? Dann besuche https://youtu.be/44nF3jB2l6I

(oder verwende den unten angegebenen QR-Code), um das komplette Video über die Erstellung dieser Skizze anzusehen. Und vergiss nicht, den Kanal zu abonnieren!

One-point perspective (Ein-Punkt-Perspektive) (Stift, Tinten, Aquarelle)

Zwei-Punkt-Perspektive

In der Zwei-Punkt-Perspektive gibt es (offensichtlich) zwei Fluchtpunkte. Aber du kannst auch noch eine weitere Sache beobachten. Es gibt auch zwei Ebenen, die sichtbar sind.

Wie du auf der rechten Seite Bild sehen kannst, sind für uns zwei Ebenen des Hauses gleichzeitig sichtbar.

Die Zwei-Punkt-Perspektive hat eine Ähnlichkeit mit der Ein-Punkt-Perspektive.

Die beiden Fluchtpunkte befinden sich über der Horizontlinie.

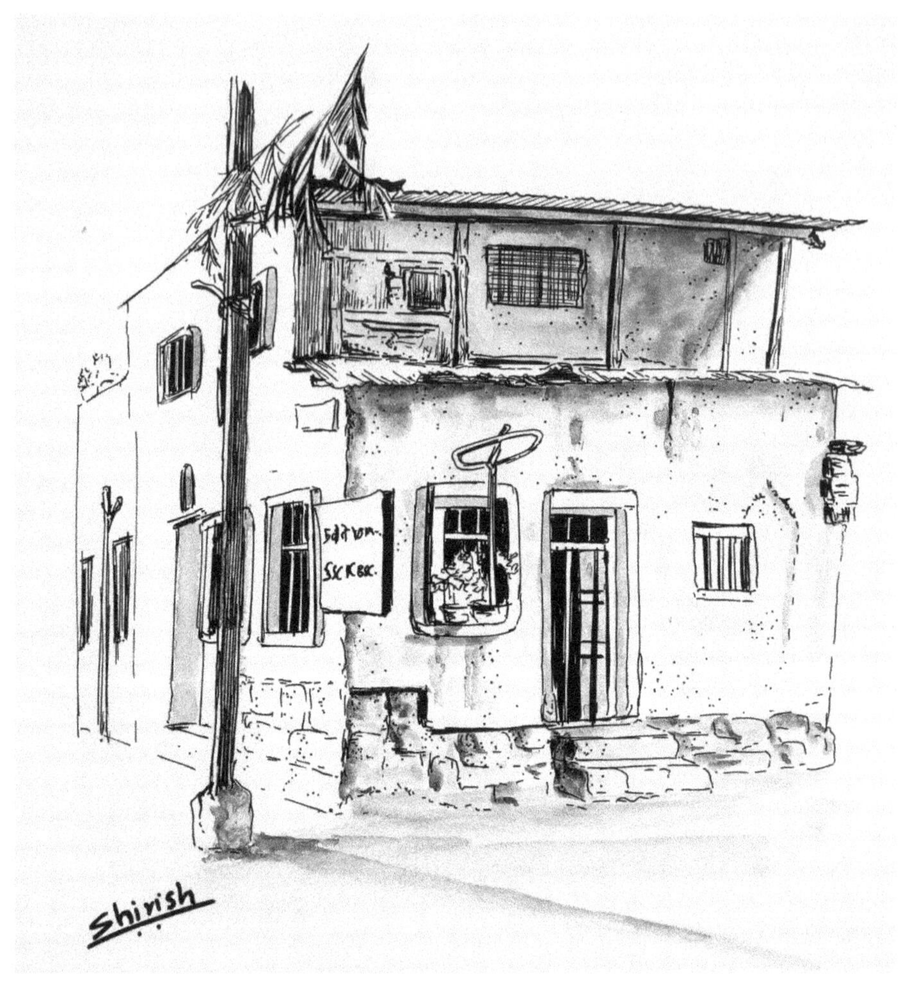

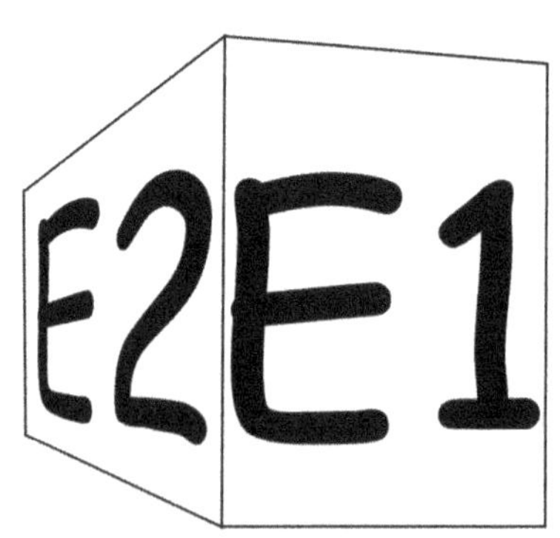

Auf der rechten Seite ist eine Zwei-Punkt-Perspektive dargestellt, bei der sich einer der Fluchtpunkte außerhalb der Bildebene befindet.

Allerdings können sich einer oder sogar beide Fluchtpunkte außerhalb der Bildebene (z. B. Skizzenpapier/Leinwand) befinden. Beachte, dass ich sagte: „Vielleicht". Es ist jedoch keine Notwendigkeit.

Beide Ebenen schneiden sich immer in einer Linie.

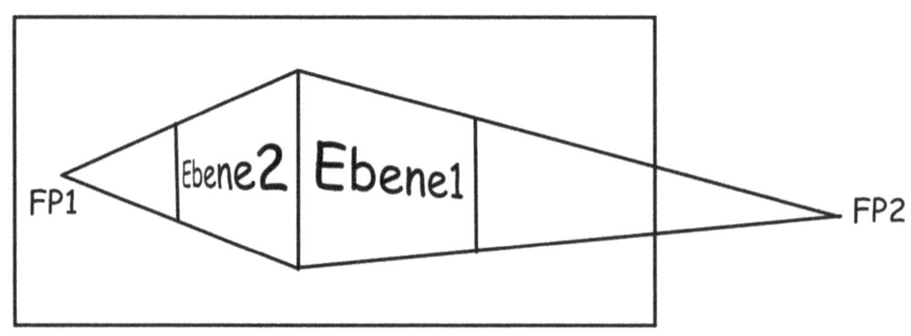

Komposition und Perspektive

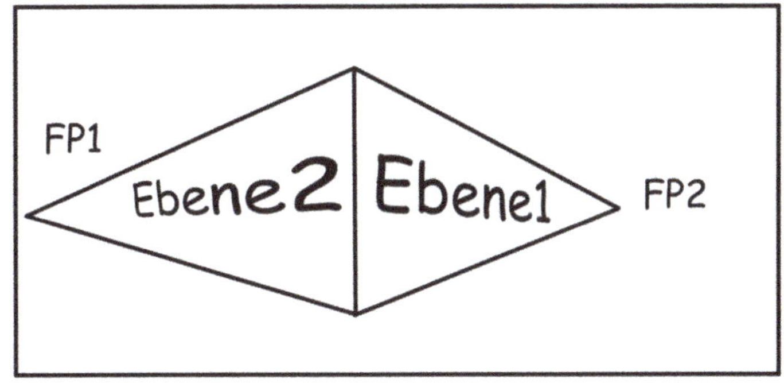

Auf der linken Seiteist eine Zwei-Punkt-Perspektive dargestellt, bei der sich die beiden Fluchtpunkte innerhalb der Bildebene befinden.

Nachfolgend ist eine Zwei-Punkt-Perspektive dargestellt, bei der sich die beiden Fluchtpunkte außerhalb der Bildebene befinden.

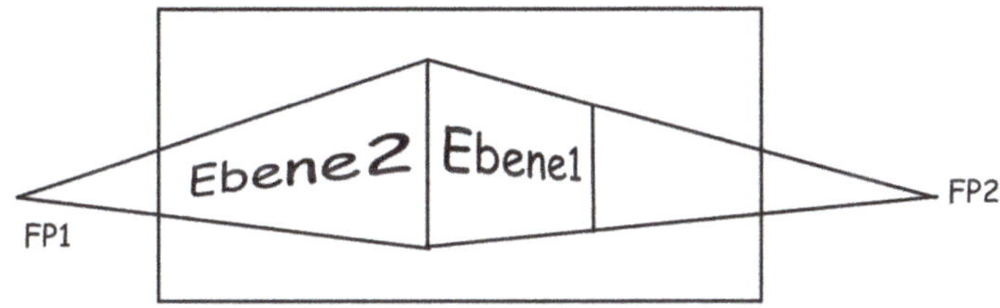

Sehen wir uns ein Beispiel für das Zeichnen einer Zwei-Punkt-Perspektiv-Skizze an.

Wenn die Fluchtpunkte außerhalb des Papiers liegen, müssen wir vielleicht etwas raten und die konvergierenden Linien entsprechend zeichnen.

Aber du musst kein Rätselraten veranstalten, um die untenstehende Übung abzuschließen. Lass uns sehen, wie man diese Struktur in der Zwei-Punkt-Perspektive zeichnet.

Du kannst sehen, dass die rechte Seitenebene steiler ist als die linke Ebene.

Wir werden den sich überschneidenden Strauch vorerst ignorieren und uns ausschließlich auf die Struktur konzentrieren.

Die Methode, die ich jetzt diskutieren werde, ist diejenige, die ich für die nützlichste halte. Ich behaupte nicht, dass es die einzige oder die beste ist. Sehen wir sie uns doch einfach an.

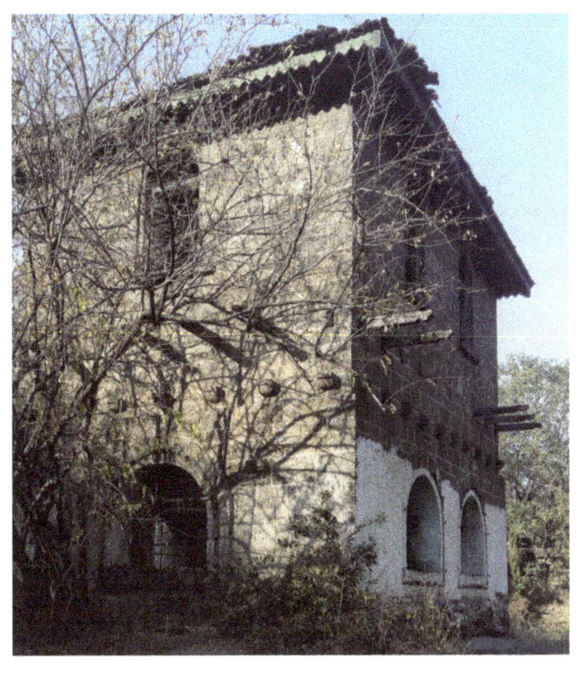

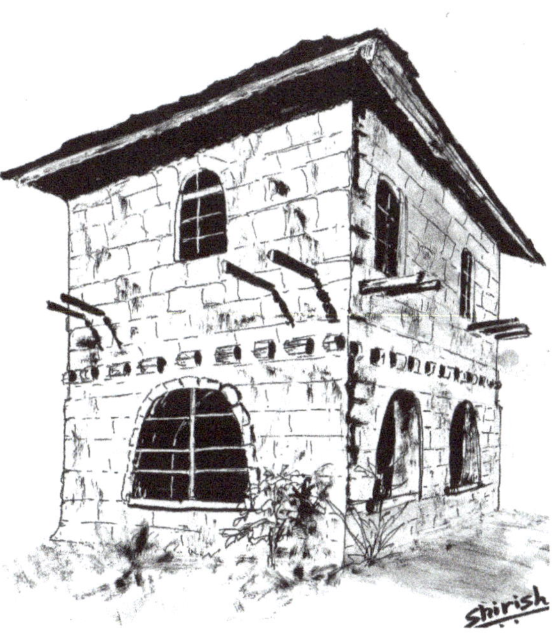

Beginnen wir mit der Identifizierung der Schnittlinie der Ebene und dem Blockieren der beiden Ebenen. Ich fand den Fluchtpunkt wie unten gezeigt (Bleistift zeigt auf den Fluchtpunkt). Ich hielt das Papier fest an seinem Platz und verlängerte die perspektivischen Linien so, dass sie sich außerhalb des Papiers trafen.

Dies war für die rechte Seitenebene, die steil war, relativ einfach. Lass uns das Gleiche für die linke Seitenebene tun.

Lass uns das Gleiche für die linke Seitenebene tun.

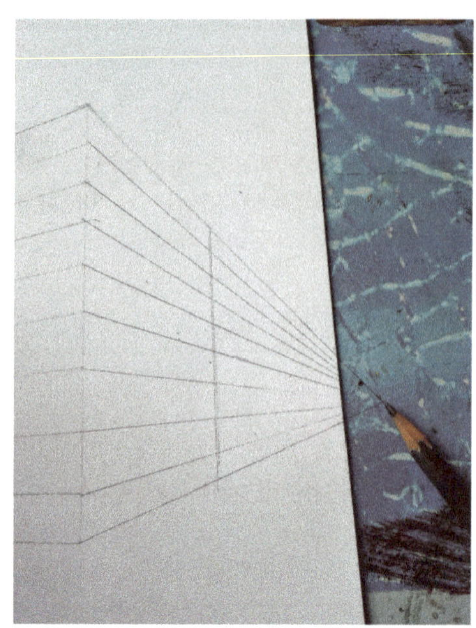

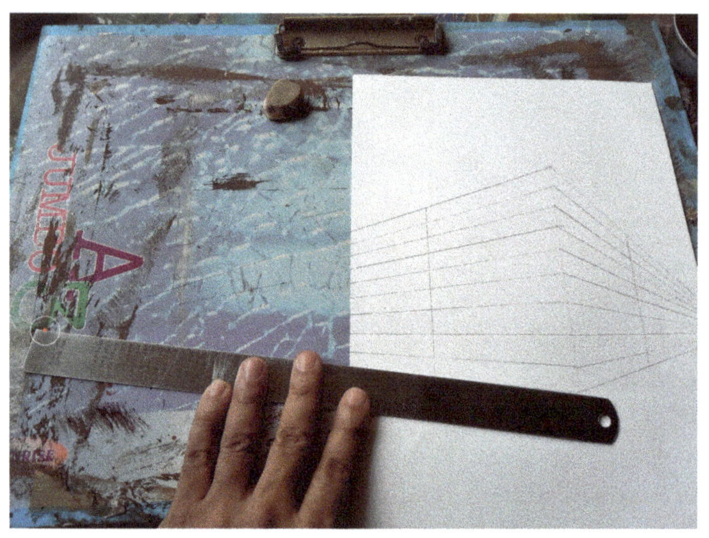

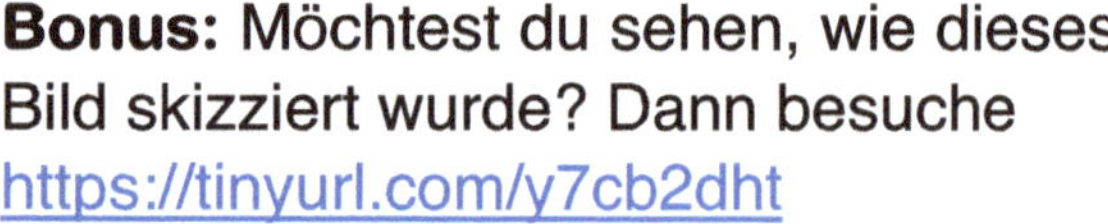

Da die linke Seitenebene weniger steil ist, erstrecken sich die perspektivischen Linien weit über das Papier hinaus. Der Fluchtpunkt ist der kleine Punkt (mit einem Kreis markiert) am linken Ende der Skala.

Fülle nun die Details für dieses Gebäude aus. Im Anschluss siehst du die endgültige Skizze:

Bonus: Möchtest du sehen, wie dieses Bild skizziert wurde? Dann besuche
https://tinyurl.com/y7cb2dht

(oder verwende den unten angegebenen QR-Code), um das komplette Video über die Erstellung dieser Skizze anzusehen. Und vergiss nicht, den Kanal zu abonnieren!

Two-point perspective (Zwei-Punkt-Perspektive) (Stift und schwarze Tinte)

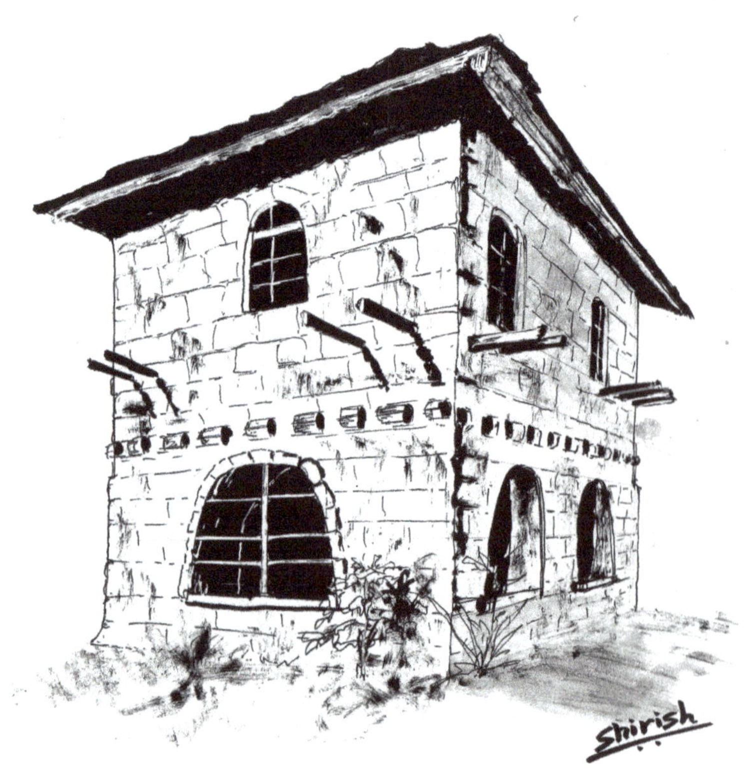

Drei-Punkt-Perspektive

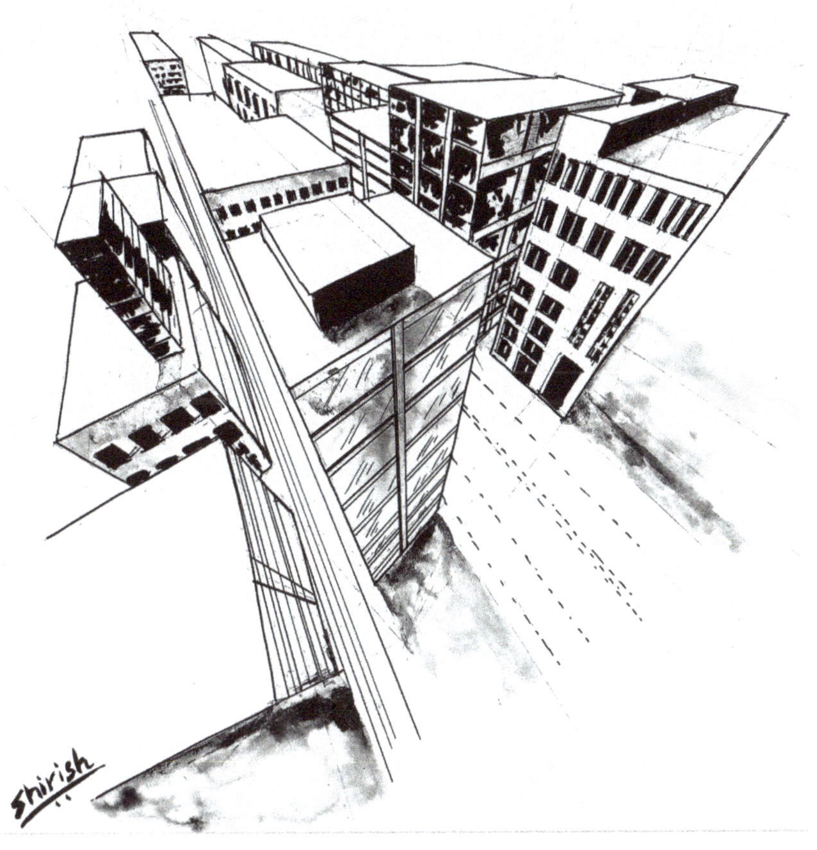

**Three-point Perspective
(Drei-Punkt-Perspektive)
(Stift und schwarze Tinte)**

Stell dir vor, du wärst ein der Schwerkraft trotzender Superheld, der über einen Haufen Wolkenkratzer fliegt. Was siehst du unter dir?

Gebäude?

Offensichtlich!

Aber wie siehst du diese Gebäude?

Man kann ihre Oberseiten sowie zwei Seiten sehen.

Mit anderen Worten, du kannst die beiden Seiten (Ebenen) eines jeden Gebäudes (wie in der Zwei-Punkt-Perspektive) UND die Oberseite des Gebäudes (dritte Ebene) sehen.

Die Drei-Punkt-Perspektive ist am deutlichsten, wenn wir ein Element von unten (Wurmsicht) oder oben (Vogelperspektive) betrachten.

Wo sind also die Fluchtpunkte und wo ist der Horizont?

Aha!

Hier unterscheidet sich die Drei-Punkt-Perspektive grundlegend von der Ein- und Zwei-Punkt-Perspektive.

In der Drei-Punkt-Perspektive gibt es nicht einen, nicht zwei, sondern drei Horizonte. Jeder Horizont schneidet die beiden anderen an jeweils einem Fluchtpunkt.

Und es gibt drei Fluchtpunkte, in drei Ecken des Bildes.

Jeder Horizont durchläuft zwei Fluchtpunkte.

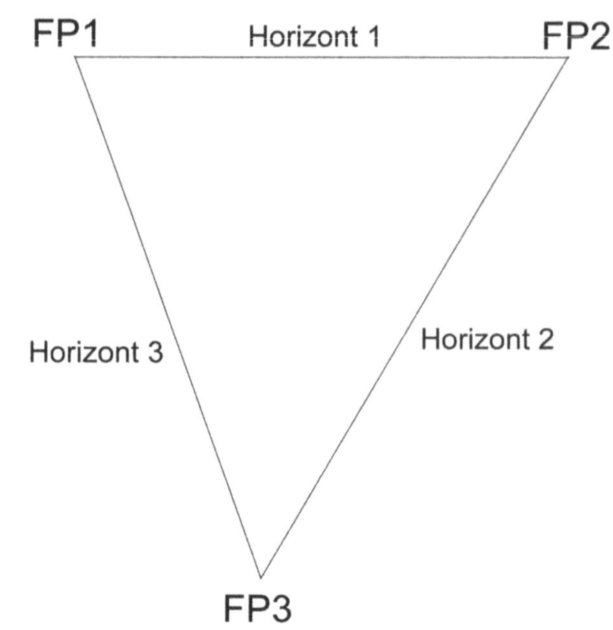

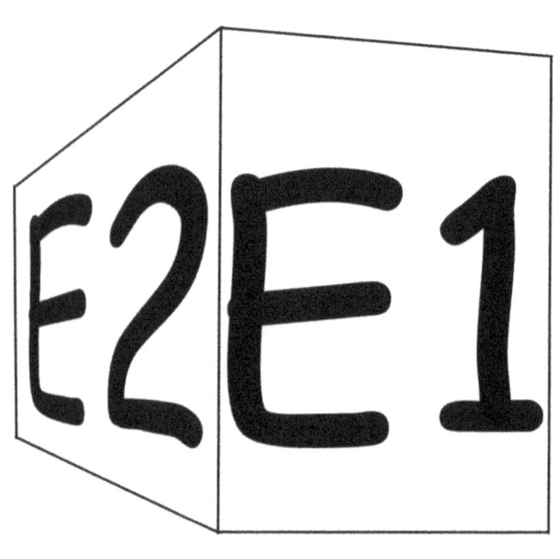

In der Ein-Punkt-Perspektive gibt es eine Bildebene (der/dem BetrachterIn zugewandt).

In der Zwei-Punkt-Perspektive gibt es zwei Bildebenen (die sich vor der/dem BetrachterIn schneiden).

In der Drei-Punkt-Perspektive gibt es einen Bildwürfel!

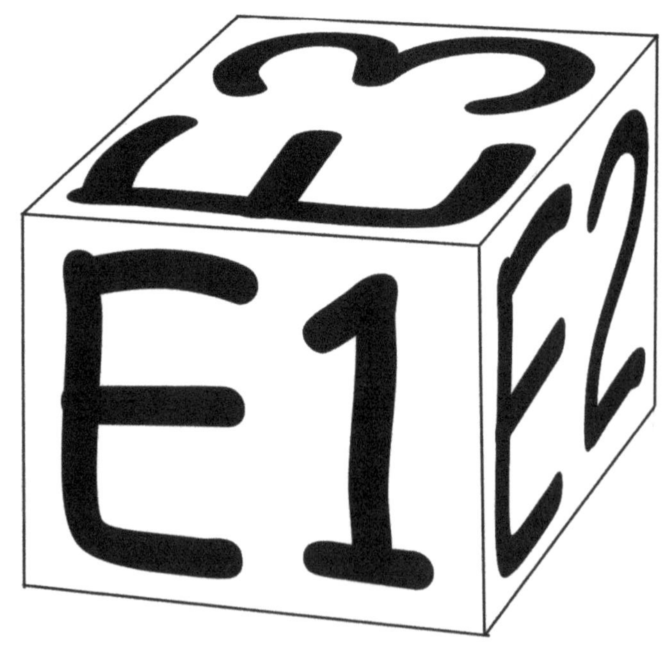

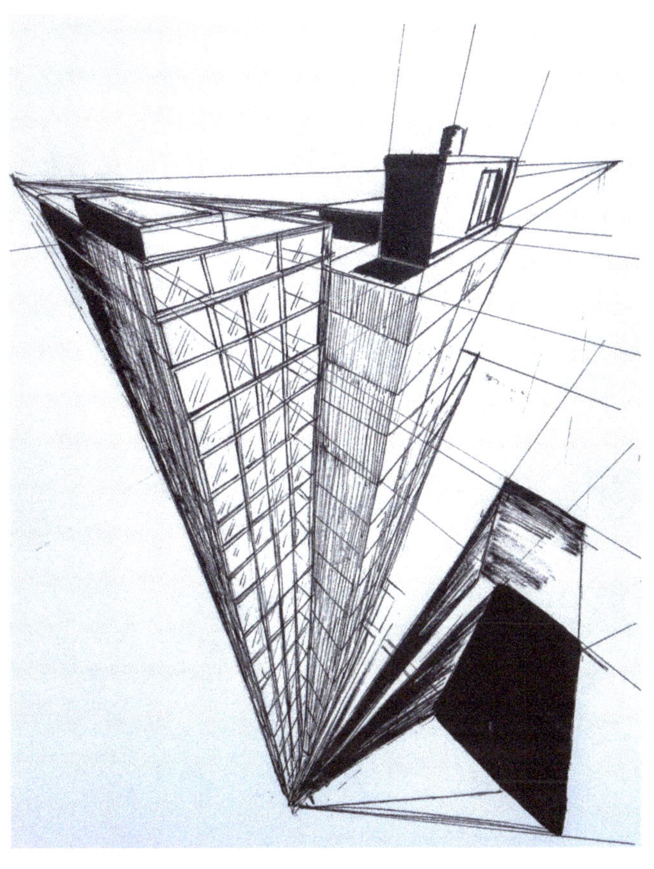

Genau wie die Zwei-Punkt-Perspektive können sich ein oder mehrere Fluchtpunkte außerhalb des Papiers befinden.

Lass uns nun eine Skizze aus der Vogelperspektive mit der Drei-Punkt-Perspektive erstellen. Der Einfachheit halber behalten wir dabei alle drei Fluchtpunkte in der Bildebene.

Es gibt einen Nebeneffekt, wenn alle drei Fluchtpunkte innerhalb der Bildebene liegen. Die Perspektive wird etwas „extrem" (Schwindel-Effekt). Die Gebäude sehen so aus, als würden wir direkt über dem Rand dieser Gebäude schweben.

Das auf der linken Seite Bild ist ein Beispiel für die extreme Drei-Punkt-Perspektive (Vogelperspektive).

Hier befinden sich nicht nur alle Fluchtpunkte innerhalb der Bildebene, sondern auch die Bodenebene entspricht dem unteren Fluchtpunkt. So laufen die Unterkanten aller Gebäude zu einem einzigen Punkt zusammen.

Es ist jedoch nicht notwendig, die ganze Zeit eine so extreme Perspektive zu haben.

Erinnere dich an das Bild am Anfang dieses Kapitels über die Drei-Punkt-Perspektive. Du wirst feststellen, dass sich die Basen der Gebäude weit über dem Fluchtpunkt befinden.

Tatsächlich müssen die perspektivischen Zeichnungen mit drei Punkten überhaupt nicht extrem sein. Schau dir das folgende Bild an, um zu sehen, was ich meine.

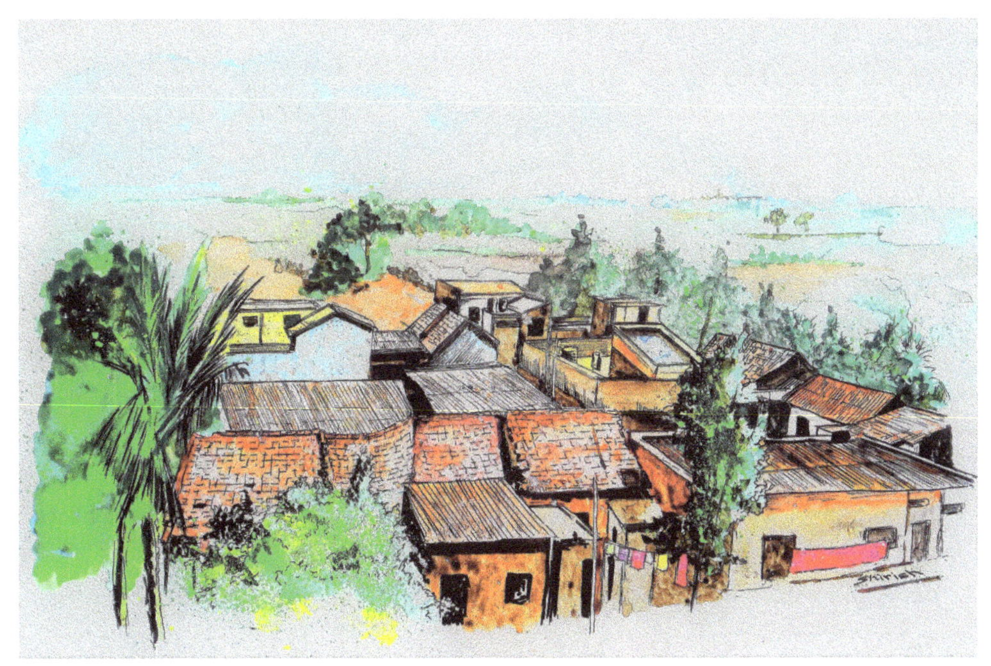

Die Drei-Punkt-Perspektive kann auch im Blickwinkelmodus einer Schnecke gezeichnet werden. In diesem Fall betrachten wir ein Objekt, das nach oben schaut. Die Prinzipien bleiben die gleichen. Der einzige Unterschied besteht darin, dass einer der Fluchtpunkte zum Himmel hin ausgerichtet ist.

Hier ist ein Beispiel für eine perspektivische Skizze aus der Sicht eines Wurms.

Bonus: Möchtest du sehen, wie dieses Bild skizziert wurde? Dann besuche
https://tinyurl.com/yb9bszpl

(oder verwende den unten angegebenen QR-Code), um das komplette Video über die Erstellung dieser Skizze anzusehen. Und vergiss nicht, den Kanal zu abonnieren!

Three-point perspective – Worm's eye view (Drei-Punkt-Perspektive – Schneckenp 3erspektive) (Stift, Tinten, Aquarelle)

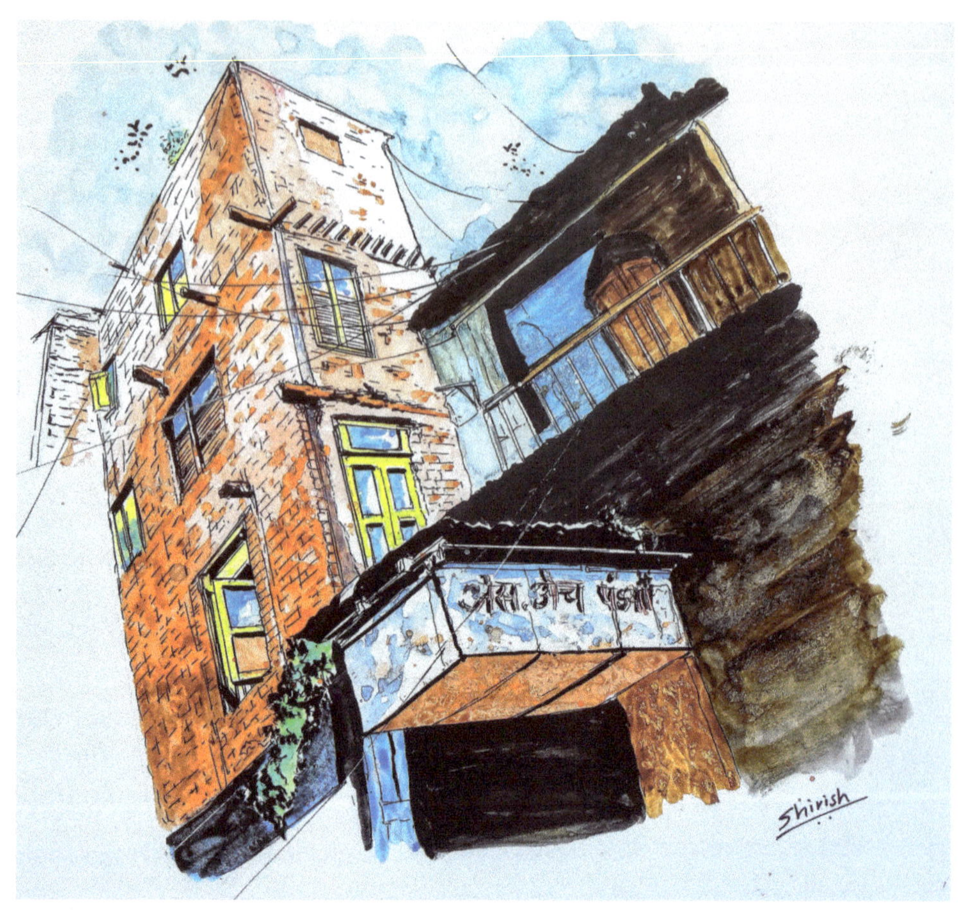

Nun lernen wir, wie man eine Drei-Punkt-Perspektivzeichnung erstellt. Wir werden mehrere Gebäude in dieser perspektivischen Skizze aus der Vogelperspektive zeichnen.

Für diese Zeichnung benötigst du ein Papier, ein Lineal, einen Bleistift und einen Radiergummi.

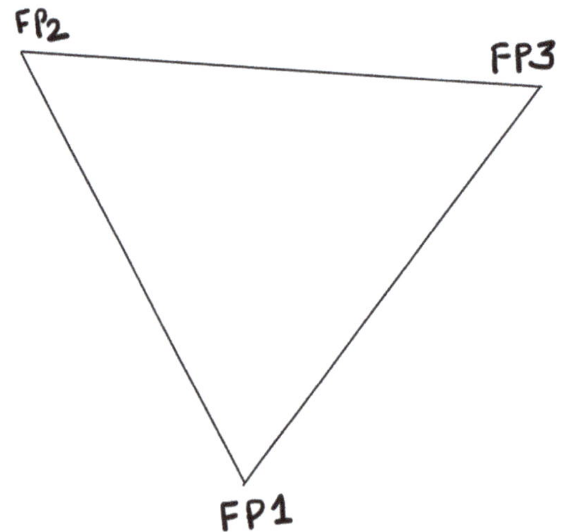

Markiere zunächst 3 Punkte und verbinde sie wie unten gezeigt miteinander. Ich habe auch den Rand des Papiers gezeigt, um dir eine Vorstellung davon zu geben, wie man die Fluchtpunkte positioniert.

Das auf der linken Seite Bild gibt dir eine Vorstellung davon, wie die Ebenen in der Zeichnung gebildet werden. Jede Ebene wird durch Linien gebildet, die von jeweils zwei Fluchtpunkten ausgehen.

Die Ebene E1 besteht aus Linien, die von FP2 und FP3 stammen.
Die Ebene E2 besteht aus Linien, die von FP1 und FP2 stammen.
Die Ebene E3 besteht aus Linien, die von FP1 und FP3 stammen.

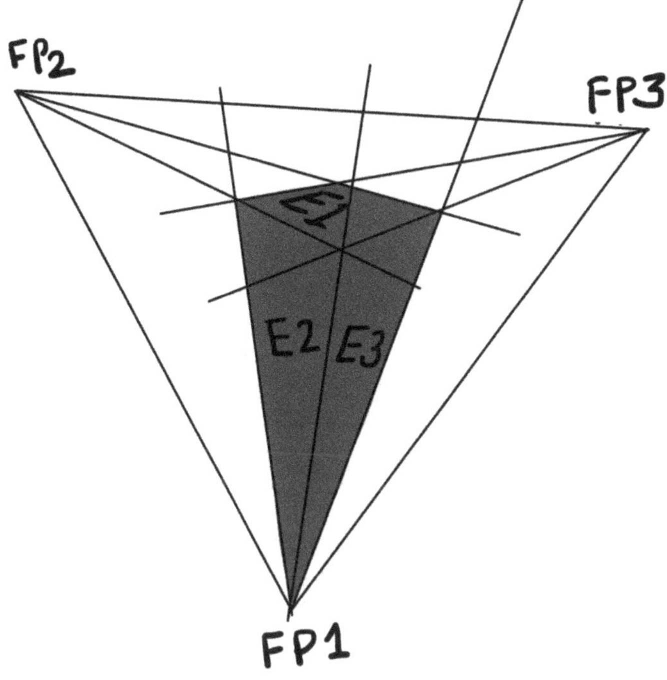

Wir beginnen mit den oberen Ebenen. Zeichne perspektivische Linien aus FP2 und FP3 und lasse sie sich schneiden, um die Spitzen der Gebäude zu bilden.

In der Zeichnung unten habe ich die Spitzen einiger Gebäude in dunklen Farbtönen markiert.

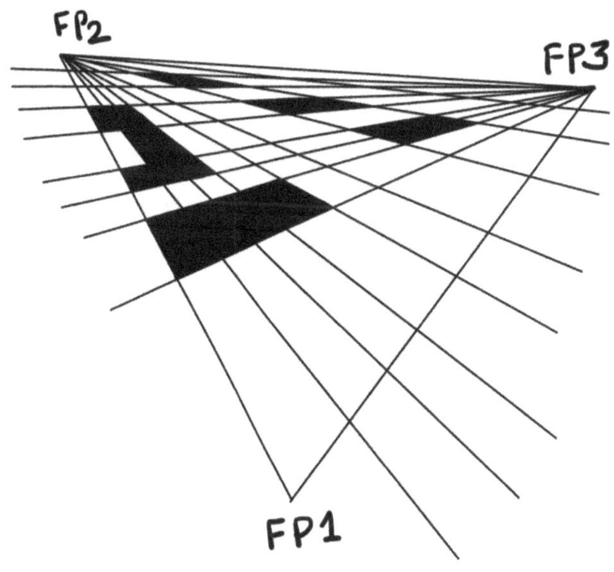

Lass uns nun eine Linie aus FP3 ziehen, die den Horizont zwischen FP1 und FP2 schneidet. Diese Linie wird das Erdgeschoss für unsere Gebäude markieren.

Ich habe diese Linie extra langgezogen, um sie von den anderen zu unterscheiden.

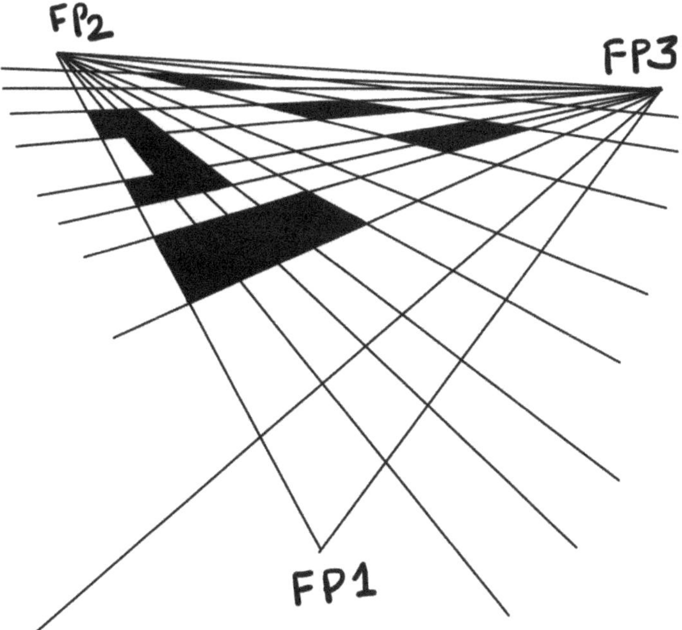

Zeichnen wir Linien von FP1, um den Rest der beiden Ebenen für die Gebäude zu bilden.

Achte darauf, dass diese Linien durch alle Ecken der einzelnen Gebäudedecken verlaufen.

Jetzt müssen wir nur noch die Ebene beschatten, die sich aus den Schnittlinien zwischen FP1 und FP3 zusammensetzt. Beschränke die Beschattung auf die ebenerdige Linie.

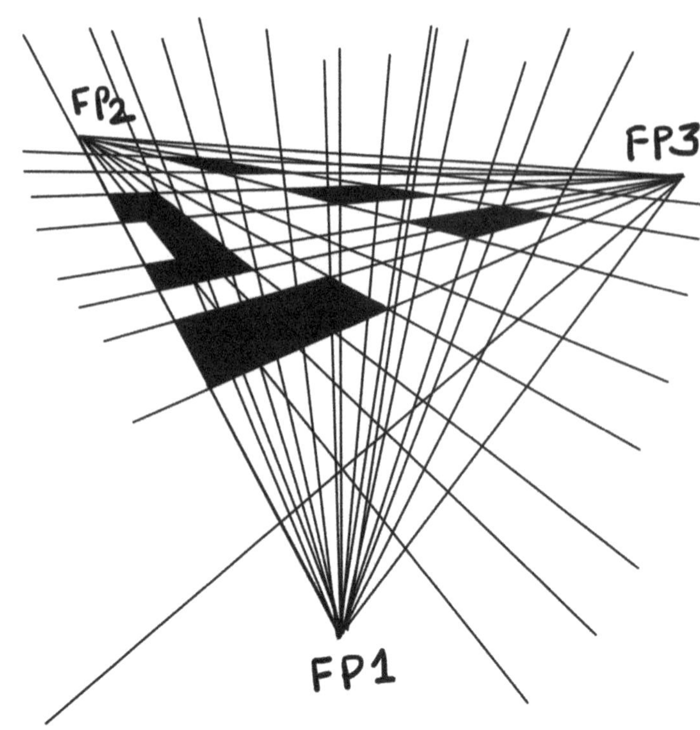

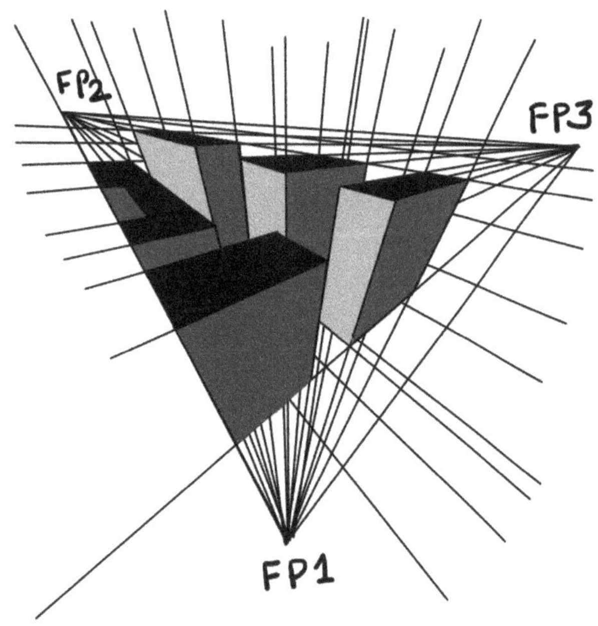

Identifizieren wir nun die dritte Ebene, die durch die sich überschneidenden Linien von FP1 und FP2 gebildet wird.

Und schon haben wir die Grundstruktur unserer Gebäude fertig. Um Details (Fenster usw.) zu diesen Gebäuden hinzuzufügen, wiederhole einfach die folgenden Schritte:

- Wähle die Ebene, auf der du die Details zeichnen möchtest.
- Finde heraus, welche Fluchtpunkte zu dieser Ebene beitragen.
- Zeichne aus diesen beiden Fluchtpunkten sich überschneidende perspektivische Linien. Halte die Details auf diese Linien beschränkt.

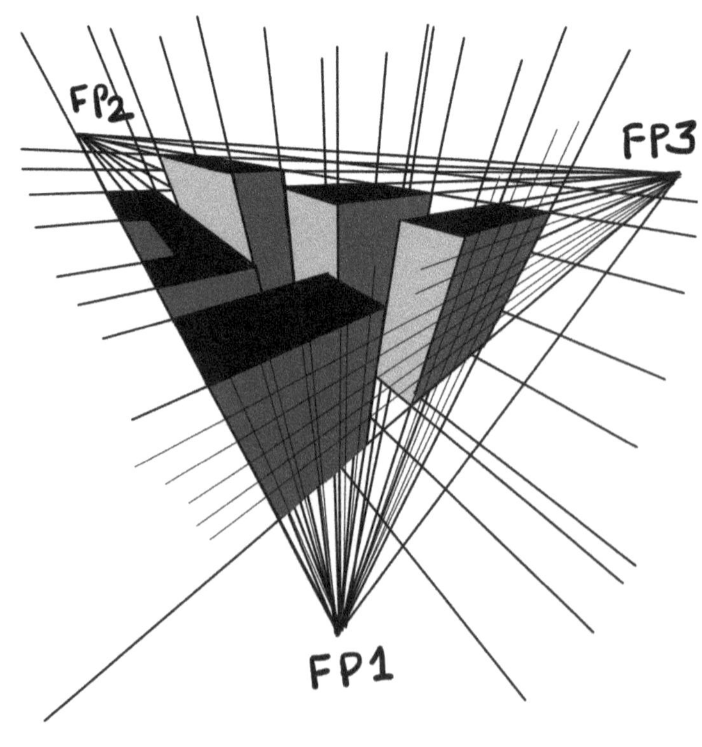

Komposition und Perspektive

In der folgenden Zeichnung habe ich ein Beispiel für das Zeichnen von Fenstern über der Ebene E3 (der Ebene, die uns am nächsten ist) gezeigt.

Die Ebene E3 wird durch perspektivische Linien aus FP1 und FP3 gebildet. Daher werden wir Schnittlinien aus FP1 und FP3 zeichnen, um die Kanten dieser Fenster zu bilden.

Da wir die richtigen Kanten der Fenster an Ort und Stelle haben, geht es nur darum, Details zu diesen Fenstern hinzuzufügen (natürlich in Übereinstimmung mit den perspektivischen Linien!).

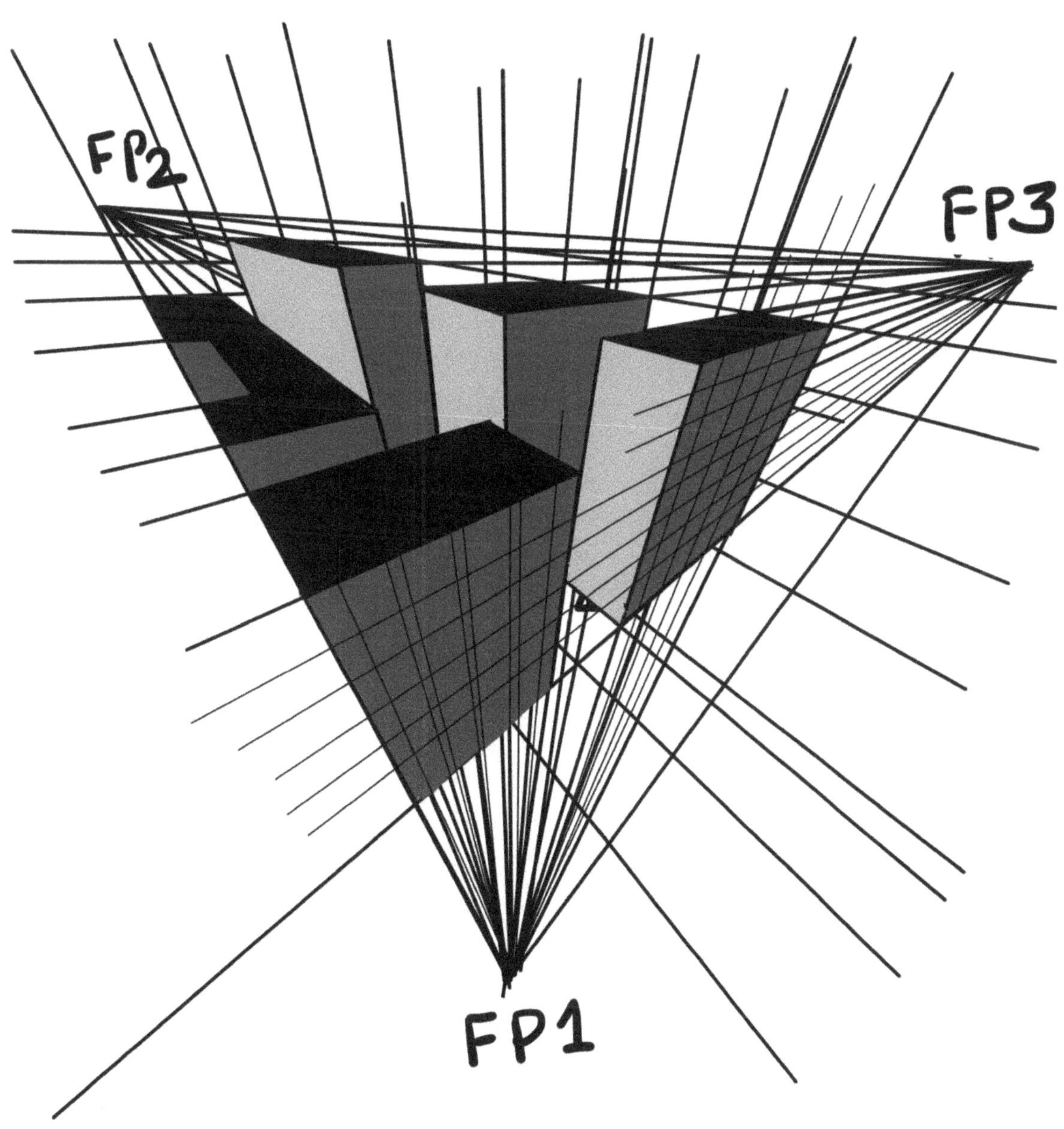

Fünf-Punkte-Perspektive

Dies ist einer der „exotischeren" Perspektiventypen.

Noch exotischer als die schwindelerregende Drei-Punkt-Perspektive!

Es gibt noch einen weiteren Namen für diese Perspektive. Die Fischaugenperspektive.

Ziemlich selbsterklärend, was?

Nein? Ok, lass mich dich aufklären.

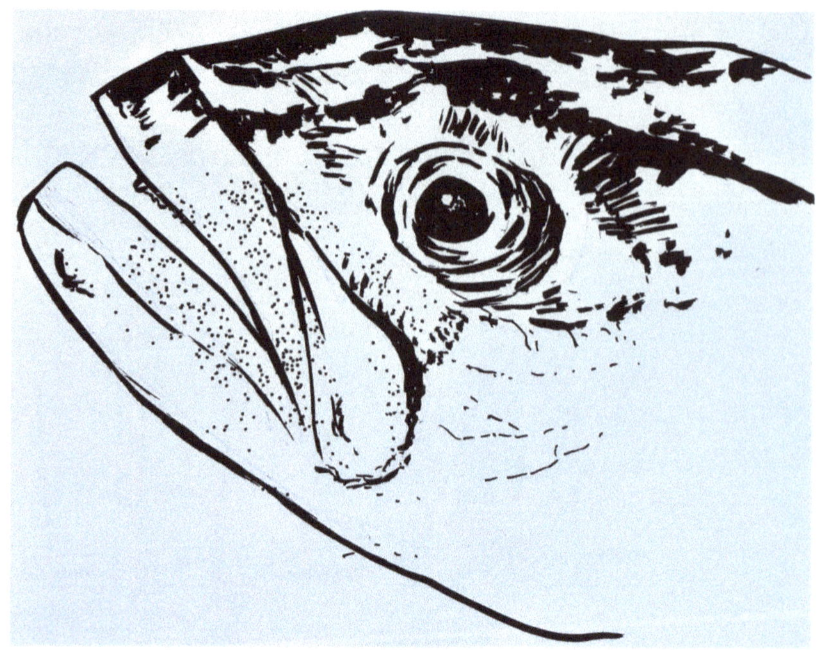

Wenn man einem Fisch in die Augen schaut, sieht man, dass das Fischauge bauchig ist.

Es wirkt wie eine konvexe Oberfläche oder ein sehr weitwinkliges Objektiv.

Im Klartext bedeutet dies, dass das Fischauge mehr Fläche auf einmal abdeckt, als ein menschliches Auge sehen kann (fast 180 Grad Ansicht).

Gibt es einen Nachteil dieser Superfähigkeit?

Sicher gibt es einen. Wie ist eine Superfähigkeit ohne Nachteile möglich? Es wäre zu schön, um wahr zu sein, oder?

Also.... hier ist es: Wenn man einen so großen Bereich mit der Konvexlinse abdeckt, erscheint das gesamte Bild verzerrt. Die Dinge scheinen ganz anders zu sein als sie sind.

Aber ist das nicht der Sinn des Lernens von Perspektiven? Zu verstehen, wie wir die Dinge sehen und wie sie sind?

Glaub mir, die Dinge sehen für uns viel, viel anders aus, als sie aus der Sicht eines Fisches sind.

Mal sehen, wie das geht.

Komposition und Perspektive

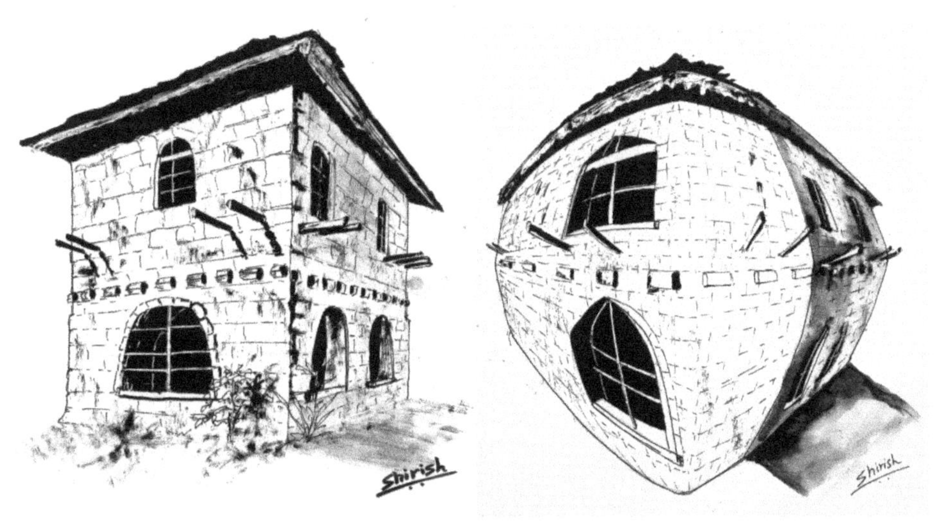

Links ist ein Bild eines „normalen" Gebäudes in Zwei-Punkt-Perspektive (menschliches Auge) zu sehen. Rechts ist das Bild des gleichen Gebäudes in Fünf-Punkt-Perspektive zu sehen.

Du kannst sehen, wie die Objekte im Bild immer mehr verzerrt erscheinen, wenn wir uns zu den Rändern bewegen?

Du kannst auch sehen, dass der zentrale Teil des Objekts relativ weniger verzerrt ist, aber er biegt sich immer noch heraus.

Lass uns sehen, wie man ein Bild in der Fünf-Punkt-Perspektive zeichnet.

Beginnen wir mit dem Zeichnen einer fünfpoligen perspektivischen Skizze. Beginne mit einem Oval, das von 2 Linien wie unten gezeigt durchschnitten wird.

Die fünf Punkte, an denen sich die beiden Linien schneiden und das Oval sind die fünf Fluchtpunkte.

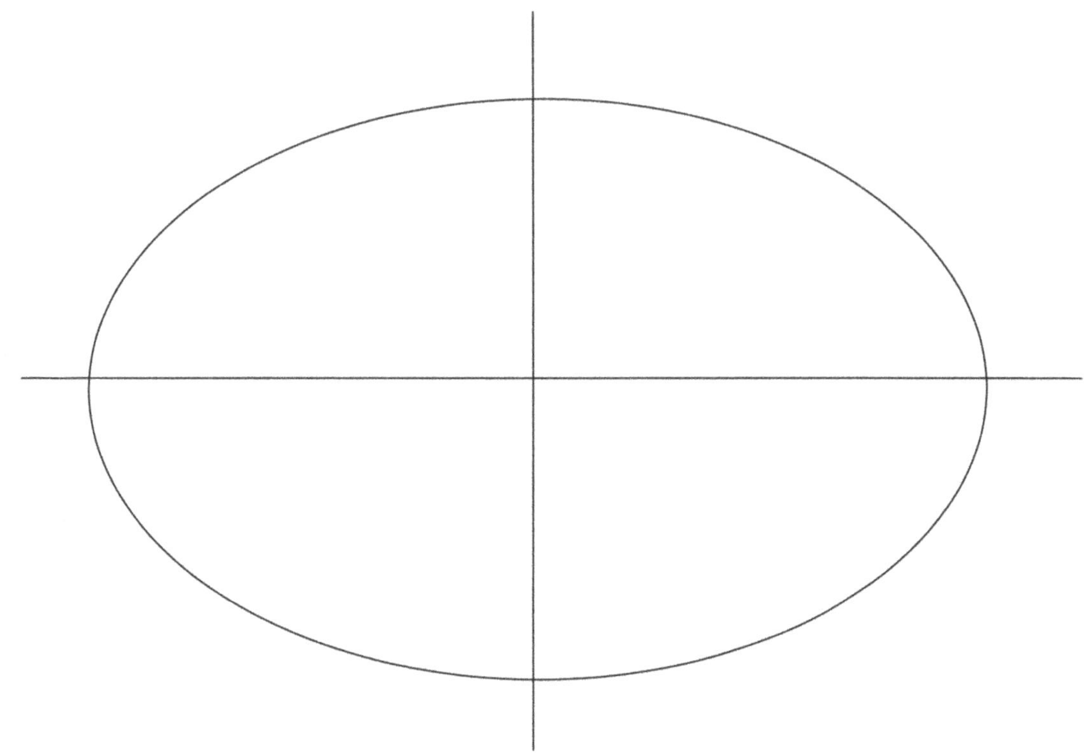

Zeichne geschwungene Linien wie in der Abbildung unten, von links nach rechts. Dies ist unser erster Satz an perspektivischen Linien.

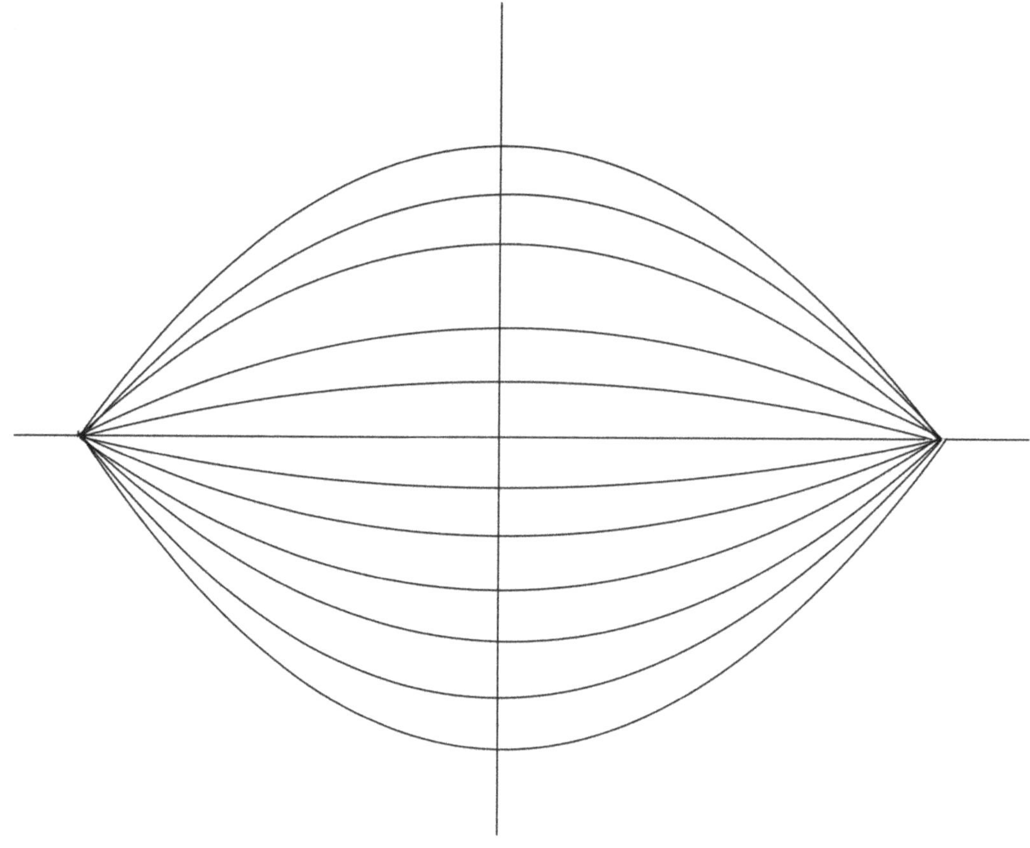

Führe nun das Gleiche von oben nach unten durch, um einen weiteren Satz an perspektivischen Linie zu erhalten.

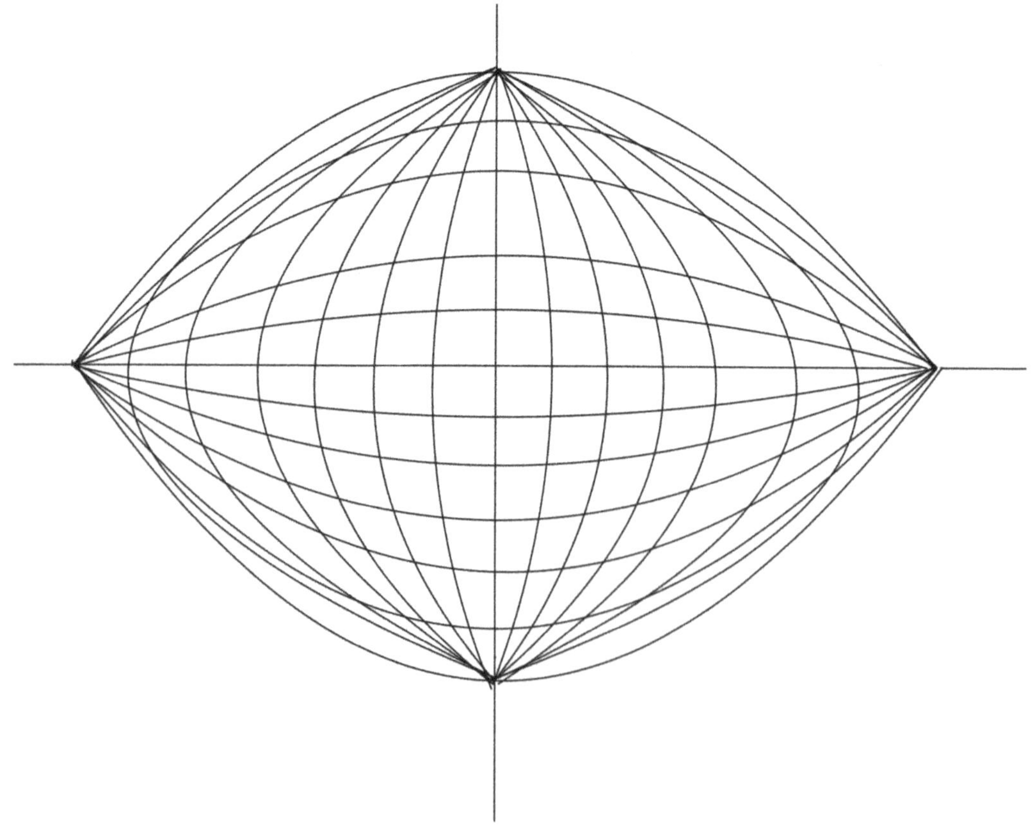

Komposition und Perspektive

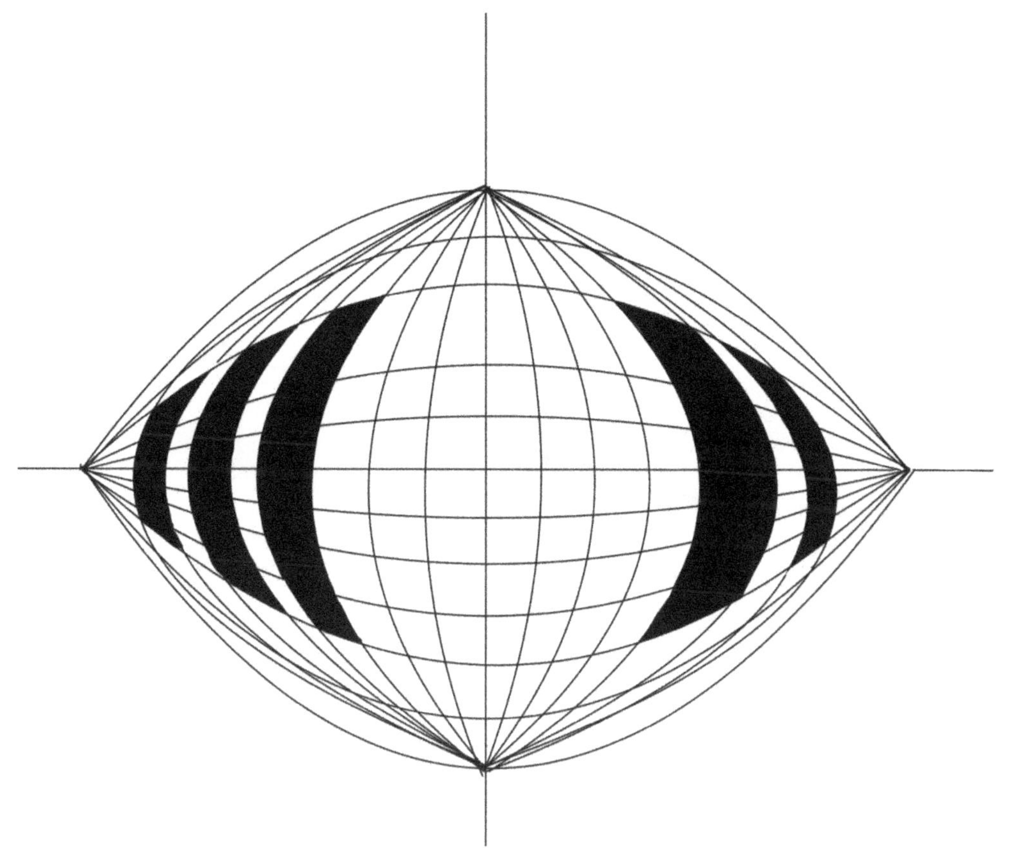

Wir können diese perspektivischen Linien verwenden, um die linke und rechte Ebene der Gebäude zu bestimmen, wie unten gezeigt:

Zeichne vom zentralen Fluchtpunkt ausstrahlende Linien, die ihn mit den Ecken dieser Ebenen verbinden.

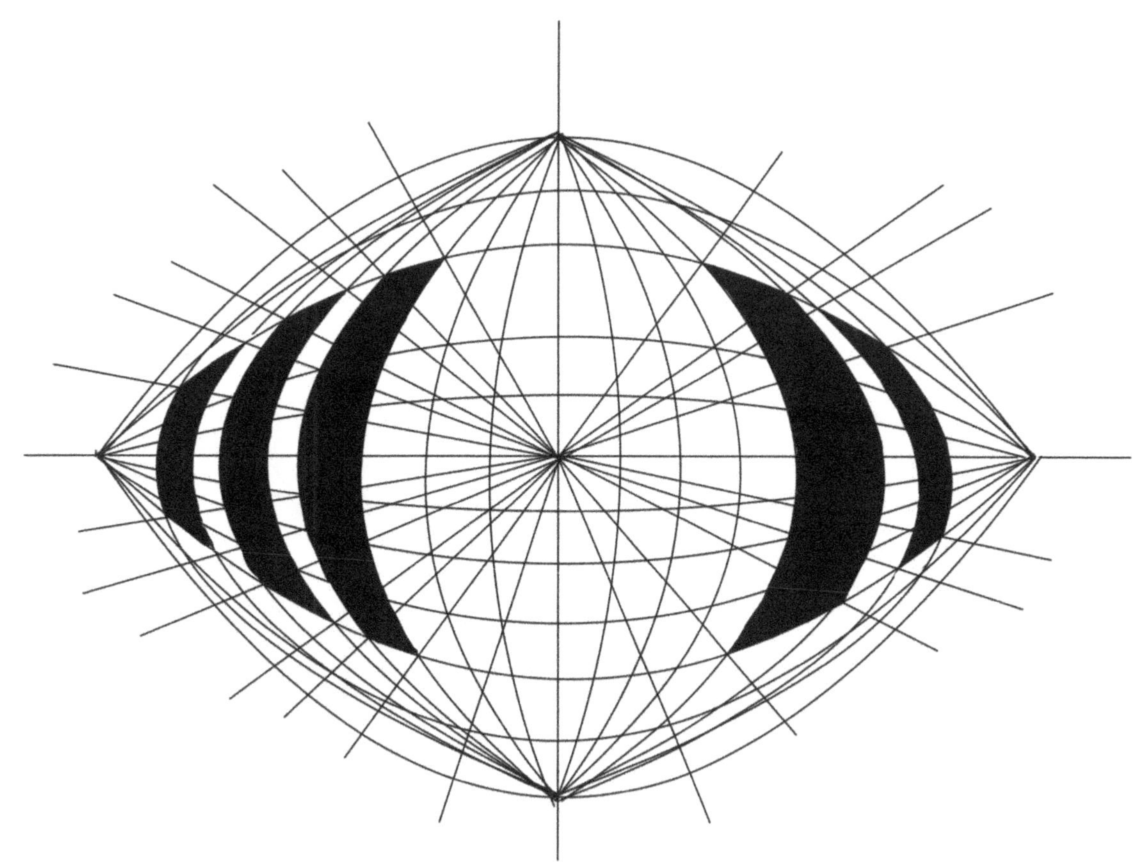

Diese nach außen strahlenden Linien werden sich in die inneren Ebenen der Gebäude übertragen, wie unten gezeigt. Beachte, wie das Gebäude in der Mitte des Bildes leicht kurvig aussieht, aber die geringste Verzerrung aufweist.

Wenn wir uns von der Mitte in Richtung der Kanten entfernen, wird das Bild immer mehr verzerrt.

Noch eine interessante Tatsache:

Stell dir vor, du stehst oben in einem benachbarten Gebäude.

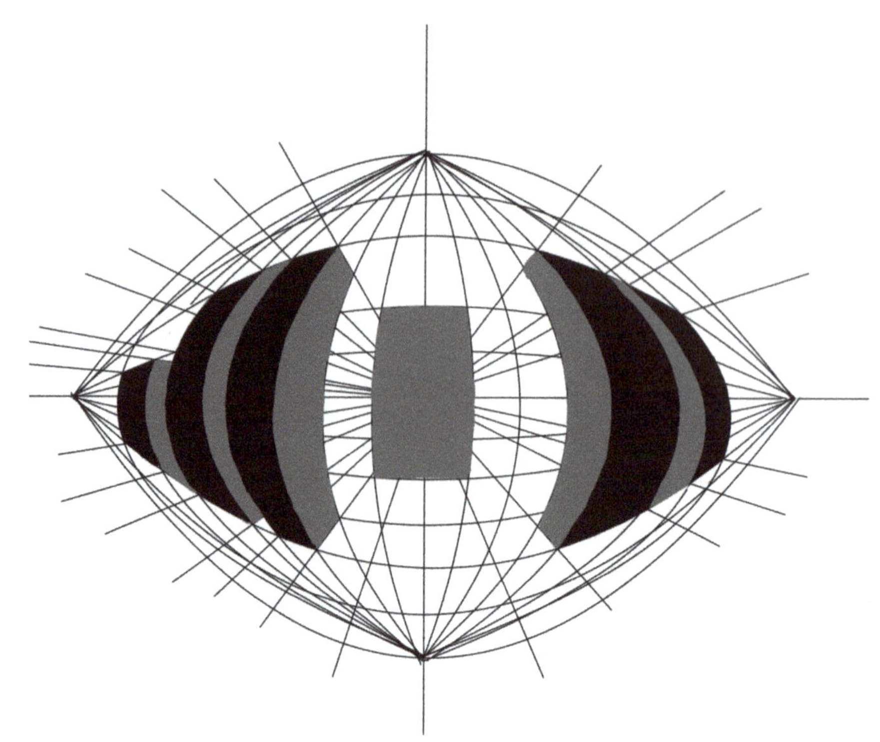

Dieses Gebäude ist halb so hoch wie unser Zielgebäude. Außerdem siehst du dieses Gebäude in einem Winkel.

Wie sieht das Zielgebäude in diesem Fall für dich aus?

Du siehst die Seitenebene und die Vorderseite. Und du siehst auch, wie sich das Zielgebäude gleichzeitig nach oben und unten erstreckt. Dadurch entsteht eine Vier-Punkt-Perspektive!

Die folgenden Bilder zeigen einige Beispiele für die Fünf-Punkt-Perspektive.

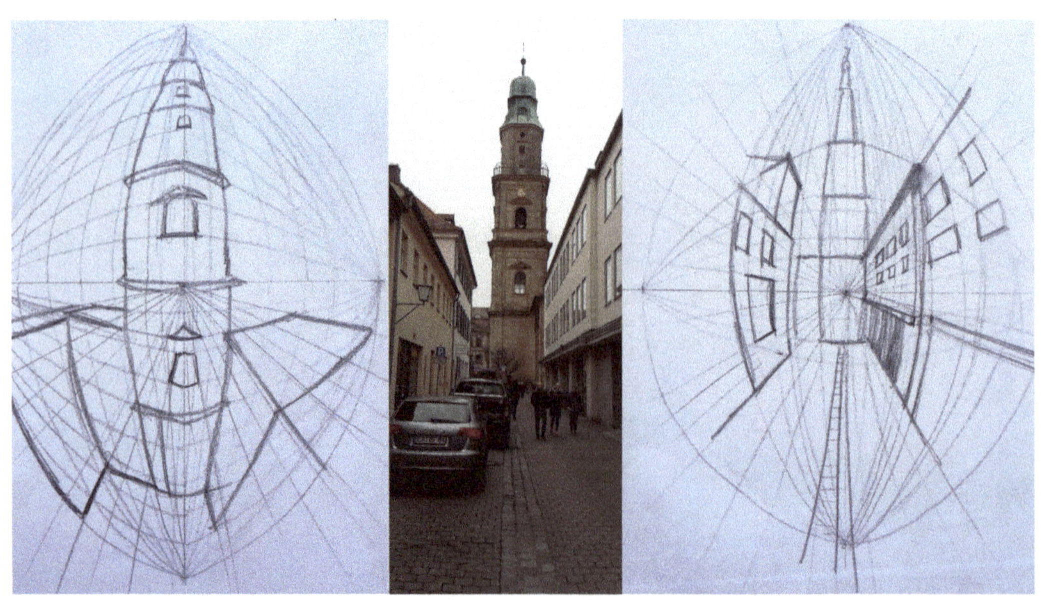

Wir haben das gleiche Referenzfoto verwendet, das wir im Abschnitt „Ein-Punkt-Perspektive" verwendet haben. Aber schau, wie drastisch sich die resultierende Skizze unterscheidet!

   Komposition und Perspektive

Teil 1:
https://youtu.be/U8wwztLY9YI

Teil 2:
https://youtu.be/GlXmQnSEXcA

**Five-point Perspective
(Fünf-Punkt-Perspektive):
Teil 1 und 2 (Stifte)**

BEVOR DU GEHST...

Wie wichtig ist die Komposition und Perspektive in realistischen Zeichnungen und Gemälden? Die Bedeutung kann nicht genug betont werden. Aber viele Künstler neigen dazu, die Komposition und Perspektive als Hindernisse und Spontaneitätskiller in der Kunst zu sehen.

Dies muss nicht der Fall sein.

Ich hoffe, dass ich dir durch dieses Buch eine neue Perspektive gegeben habe, um die Perspektive (Wortspiel beabsichtigt) als Verbündeten und nicht als Gegner zu betrachten.

Also, lass uns da rausgehen und die Welt aus einer ganz neuen Perspektive betrachten!

Fröhliches Skizzieren :-)

Ohh.... und habe ich meine Website & Kunstblog erwähnt?

Und meinen YouTube-Kanal?

Und meine Online-Videokurse?

Und noch andere Bücher von mir über das Thema Skizzieren?

Lies weiter, um mehr über diese Themen zu erfahren.

ÜBER DEN AUTOR

Shirish ist ein Autodidakt und lebt in einer sehr bevölkerungsreichen Stadt namens Pune, in seinem sehr bevölkerungsreichen Land namens Indien.

Shirish ist seit mehr als zwei Jahrzehnten in der florierenden IT-Branche tätig. Aber im Herzen ist er ein Künstler. Skizzieren, Malen und Unterrichten von Kunst ist Shirishs erste, zweite und dritte Leidenschaft (nicht unbedingt in dieser Reihenfolge!).

Shirish beschäftigt sich mit verschiedenen Themen wie Landschaften, Porträts, Figurstudien und Abstracts. Er arbeitet mit verschiedenen Medien wie Stift & Tinten, Aquarellen, Ölen, Acrylfarben ,digital und Sprühfarben.

Shirish hat an vielen Kunstausstellungen teilgenommen. Seine Skizzen und Gemälde befinden sich in privaten Sammlungen in Indien und verschiedenen anderen Ländern.

Shirish hat einige sehr erfolgreiche Videokurse auf Udemy.com und SkillShare.com veröffentlicht, die er selbst produziert. Diese Kurse wurden von Tausenden von Studenten weltweit in Anspruch genommen.

Shirish ist Autor verschiedener Bestseller-Kunstlehrbücher.

https://HuesAndTones.net/books/

Videokurse:

https://www.huesandtones.net/courses/

Email: shirish@huesandtones.net

Website:

https://www.HuesAndTones.net

Youtube:

https://www.youtube.com/c/huesandtones

Melde dich für meinen Newsletter an und erhalte die E-Book- und druckbare PDF-Version meines Malbuchs „ Dystopian Encounters - Wave 1" (Dystopische Begegnungen - Welle 1) absolut kostenlos! Du erhältst auch eine praktische PDF-Anleitung zu den Materialien für Stift- und Tintenskizzen.

Lass dir meine exklusiven Skizzen- und Maltipps direkt in dein Postfach liefern.
(Ich werde weder dein Postfach spammen noch deine E-Mail-ID mit jemand anderem teilen, versprochen).

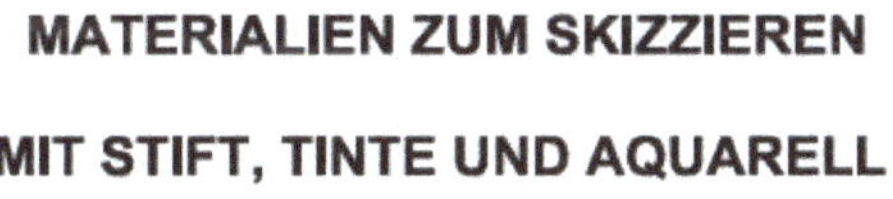

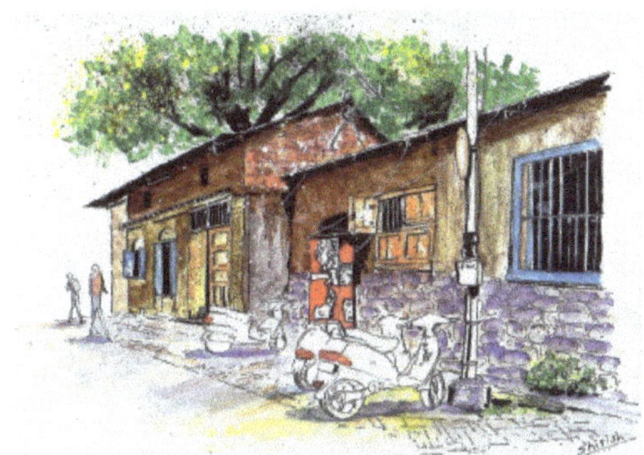

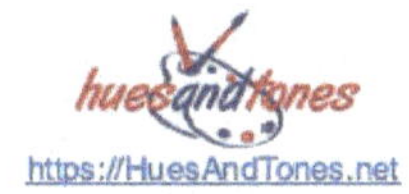

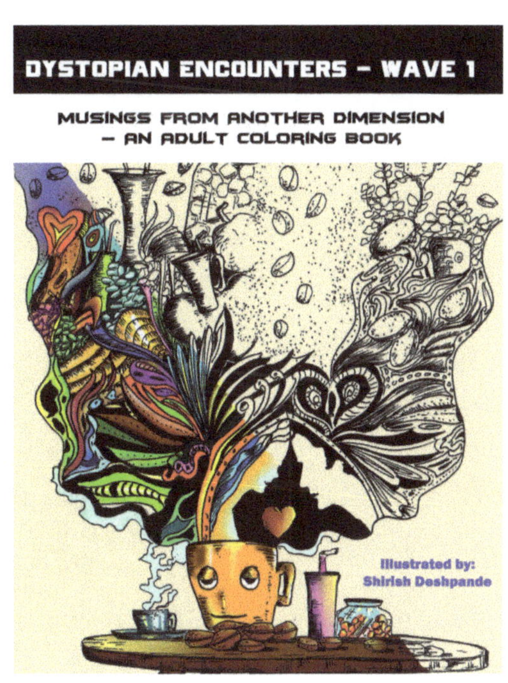

Du kannst dich über die Website oder über diese URL für den Newsletter anmelden:

https://www.huesandtones.net/signup/

Kunstgalerie:
https://HuesAndTones.net/artgallery/

DANKSAGUNG

Ich bin meiner Frau Aparna sehr dankbar. Sie steht konsequent hinter mir, ermutigt und toleriert mich in all meinen künstlerischen Bemühungen und Exzentrizitäten.

Vielen Dank, meine Freundin Sabine, dass du mir geholfen hast, die deutsche Übersetzung zu verstehen und mir Zuversicht und Ermutigung gegeben hast, mich für die deutsche Veröffentlichung zu entscheiden.

Vielen Dank an meine Redakteurin Manuela, dass sie das Buch geduldig überarbeitet hat, um es perfekt zu machen.

Ich bin den vielen KollegInnen, AutorInnen und Kreativen dankbar, die mich jeden Tag aufs Neue inspirieren. Ihr seid großartig!

Fröhliches Skizzieren :-)

HAT DIR DIESES BUCH GEFALLEN?

Hast du einen Wert aus diesem Buch gezogen? Hat es dir Spaß gemacht, es zu lesen?

Wenn ja, würdest du bitte eine Bewertung in dem Laden/auf der Plattform hinterlassen, wo du es gekauft hast?

Die Rezension trägt dazu bei, dass dieses Buch mehr Leser weltweit erreicht und ihnen hilft, die Komposition und Perspektive zu meistern.

Schließlich vervielfacht sich die Freude, wenn man sie teilt, richtig? :-)

www.ingramcontent.com/pod-product-compliance
Lightning Source LLC
Chambersburg PA
CBHW041835110726
48006CB00020B/2635